Coleção Dramaturgia

AUTORES NACIONAIS

CB123050

Biblioteca teatral

Impresso no Brasil, outubro de 2013

Copyright © Fernando Marques, 2013

Os direitos desta edição pertencem a
É Realizações Editora, Livraria e Distribuidora Ltda.
Caixa Postal: 45321 · 04010 970 · São Paulo SP
Telefax: (5511) 5572 5363
e@erealizacoes.com.br · www.erealizacoes.com.br

Editor
Edson Manoel de Oliveira Filho

Produção editorial
Sandra Silva

Preparação de texto
Maiza Prande Bernardello

Capa e projeto gráfico
Mauricio Nisi Gonçalves / Estúdio É

Diagramação
André Cavalcante Gimenez / Estúdio É

Ilustração (quarta capa)
Andréa Campos de Sá

Pré-impressão e impressão
Gráfica Bandeirantes

Reservados todos os direitos desta obra. Proibida toda e qualquer reprodução desta edição por qualquer meio ou forma, seja ela eletrônica ou mecânica, fotocópia, gravação ou qualquer outro meio de reprodução, sem permissão expressa do editor.

Fernando Marques

ZÉ

Adaptação em verso de *Woyzeck*,
de Georg Büchner

Texto e canções:
Fernando Marques

Peça em um ato

Realizações
Editora

SUMÁRIO

Recomposição versificada

Nas manifestações corais que ocuparam os espaços públicos do Brasil em junho de 2013 e entraram para a história, faz poucas semanas de quando escrevemos, Peter Pál Pelbart pinçou a seguinte voz: "Anota aí: eu sou ninguém". Era um dos jovens participantes do Movimento Passe Livre – pedra n'água no clamor pró-cidadania – esquivando-se de jornalistas com bloquinho em punho e ávidos para identificar um líder na multidão que colocava em xeque as representatividades. Para o filósofo, a atitude do militante sinalizava "outra subjetividade política e coletiva" no horizonte.[1]

Em *Zé*, abrasileiramento de Fernando Marques para a personagem-título cotejado das bordas e do coração de *Woyzeck*, de Georg Büchner, pulsa outro "zé-ninguém". Só que este surge ao pé da letra. Não vê perspectivas e tampouco dá as cartas, uma vez que corpo e alma a reboque da condição de soldado oficialmente explorado pelos superiores ou não. Sujeito e sujeição

---

[1] Peter Pál Pelbart. "Peter Pál Pelbart: 'Anota Aí: Eu Sou Ninguém'". *Folha de S.Paulo*, seção Tendências/Debates, p. 3, 19 jul. 2013.

dão-se as mãos nas realidades psíquica, emocional e cognitiva da personagem. Uma hierarquia de rigidez não apenas militar, mas estancada na larga base empobrecida da pirâmide social.

De fato, os milhões de miseráveis que contracenam pelo país, embarcados no século XXI, enxergariam facilmente um irmão no Zé büchneriano de Marques. A terceira e derradeira peça do autor alemão foi recriada primeiramente em 2003. Agora, o texto vem a lume em novo escrutínio no ano do bicentenário de nascimento do escritor.

Sua obra curta de três peças foi gestada na esteira da Revolução Industrial e segue atualizada em termos estéticos e temáticos, a começar por explicitar o conflito de classes antes da conceituação de Marx e Engels.

Zé e *Woyzeck* transbordam contradições a que os palcos brasileiros só assentiram com perseverança, mais de um século depois, em obras de Gianfrancesco Guarnieri, Augusto Boal, Oduvaldo Vianna Filho, Plínio Marcos, Jorge Andrade e César Vieira, entre outros. Muitos deles, e mesmo os jovens dramaturgos de hoje, fazendo eco a Bertolt Brecht e Heiner Müller para dar forma à consciência crítica em tudo que escrevem. Brecht e Müller, por sua vez, bebem decisivamente do compatriota Büchner.

Nas artes cênicas contemporâneas, em que o processo criativo pode subverter o que é dado por acabado, o produto, os fragmentos remanescentes da inconclusa história de Franz Woyzeck são ressignificados como um sistema poroso de linguagem. Cabe ao encenador de turno manejar a estrutura dramática como bem entender, com sua equipe, vide as estratégias operadas por Cibele Forjaz e Marcio Aurélio nas respectivas montagens ainda frescas na memória.[2]

Em relação a Marques, a matéria-prima é o texto rearranjado em versos e nas inserções de um pequeno, porém expressivo cancioneiro. O deslocamento do diálogo em prosa para as frases versificadas aproxima a peça do imaginário e do caráter nacional-popular sem forçar o transplante.

A ação transita o campo aberto, a floresta, a cidade distante. Contudo, poderia se passar no morro ou no subúrbio, na favela da região central ou no conjunto habitacional da periferia. Há laivos de uma *Gota d'Água* em que Chico Buarque e Paulo Pontes prefaciavam, sob o "milagre econômico" da ditadura militar, que era "preciso, de todas as maneiras, tentar fazer voltar o nosso povo ao nosso palco".[3] E olha que fazia pouco tempo que a figura do trabalhador começara a ser representada. Em 1958, o seminal *Eles Não Usam Black-Tie*, de Guarnieri, encenado por José Renato, inscrevia, definitivamente, o diminuto Teatro de Arena na historiografia brasileira.

Zé mostra-se um homem incomum, o raciocínio célere e turvo, morando na filosofia sem deixar de prover

---

[2] *Woyzeck, o Brasileiro*. Direção de Cibele Forjaz. Interpretação de Matheus Nachtergaele, com participação do Piollin Grupo de Teatro, 2002. *Anatomia Woyzeck*. Direção de Marcio Aurelio. Companhia Razões Inversas, 2013.

[3] Chico Buarque e Paulo Pontes. *Gota d'Água*. São Paulo, Círculo do Livro, 1975, p. 14. Adaptação de *Medeia*, de Eurípides, definida como uma tragédia da vida brasileira a refletir que "a experiência capitalista que se vem implantando aqui – radical, violentamente predatória, impiedosamente seletiva – adquiriu um trágico dinamismo".

a família com o soldo miserável que entrega nas mãos da sua companheira, Maria, mãe de Cristiano, ainda um bebê de colo. Apesar da tríade bíblica ensejada, não há possibilidade de aura espiritualizada nesse cotidiano precário. Ele é humilhado tanto pelo Capitão como pelos soldados na caserna ou na taberna. O Médico do exército o elege para uma pesquisa alimentar em que é submetido a uma dieta desumana, à base de ervilhas. Tamanha resiliência desvanece quando o ciúme se apossa e o estado febril o desestabiliza de vez e de vozes.

A dramaturgia dá corpo a um ambiente de vivissecção. Como no momento em que o Médico expõe sua cobaia a estudantes de medicina, um Zé desmilinguido, a "mais linda aberração parcial". "Olhem: a metamorfose do burro. Vejam: a transubstanciação do rato." Eis o animal que vai reativando o vulcão interior em violenta e dolorosa jornada de decomposição do ser. Em vez do discurso racional à academia, como Kafka tão bem pespegou, platitudes e ruminações; sentimentos nublados, zigue-zague frenético. São nesses estalos metafísicos e esparsos que Marques consegue emendar a unidade musical de que é feito *Zé*.

Em versos bem urdidos que capturam inclusive as rubricas, deparamos com associações livres de quem também se inscreve nas entrelinhas de Büchner. O jogo de cintura lembra, por exemplo, as "transcriações" de José Celso Martinez Corrêa, cofundador do Teatro Oficina, ao dividir em cinco espetáculos o romance *Os Sertões*, impregnando-os de musicalidade.

Marques cita a peça *Deus lhe Pague*, de Joracy Camargo, quando Zé entrega a Maria o ordenado e a gorjeta. É picaresco quando o Tamboreiro-mor associa o fuzil ao pênis. Alude a Chico Anysio quando o Charlatão deprecia o jumento como "pedro-bó". Homenageia o lago artificial de Brasília, onde vive, quando o Aprendiz de Trabalhos Manuais diz que vai "chorar um Paranoá!", emborcando aguardente. E batiza uma das cenas de *Belchior*, aquela em que Zé compra uma arma branca de lâminas afiadas, na loja do Judeu, remetendo à canção do compositor cearense, *Coração Selvagem*, em que entoa: "Alguma curva no caminho, algum punhal de amor traído/ Completará o meu destino, meu bem".

São invenções poéticas de quem traduz/trai/cria/compõe tateando os sentidos musicais das palavras sem prejuízo da margem de humor no curso da tragédia. Tal apropriação permite circunscrever, simbolicamente, o indivíduo Zé na multidão que o cerca, anulado nas fileiras do exército e da sociedade. A arquitetura métrica de Marques faz coro com o acercamento de Hans-Thies Lehmann da linguagem verbal em Büchner, pois "as palavras não são totalmente dominadas pelos homens, elas levam a sua própria existência alheia, como formadoras da sonoridade, ferramentas cortantes das feridas".[4]

No hiato de uma década entre a edição original e esta, esteticamente oxigenada, a cultura de teatro musical aflorou no país enquanto indústria de moldes internacionais. É flagrante o aperfeiçoamento técnico global do intérprete que canta, dança e atua nas superproduções paulistas e fluminenses. Resta aos dramaturgos e versionistas, porém, imprimir continuamente a

---

[4] Hans-Thies Lehmann. *Escritura Política no Texto Teatral*. São Paulo, Perspectiva, 2009, p. 158.

brasilidade e a consistência dramática da qual *Zé* dá notícias, ainda que interpostas pela crítica genética de Büchner. Alvíssaras!

Valmir Santos
São Paulo, inverno de 2013

O retrato do que era a sociedade alemã na primeira metade do século XIX foi fixado por Georg Büchner, em cores enfáticas, no panfleto *O Mensageiro de Hesse*, seu texto de estreia, escrito em parceria com o educador Friedrich Weidig e divulgado de modo clandestino em 1834. Ainda que não se trate propriamente de obra literária, a atitude crítica e o talento verbal de Büchner já se revelam no panfleto, que traz estas palavras em sua página de abertura: "A vida dos *nobres* é um longo domingo: eles vivem em belas casas, usam roupas finas, têm caras de abade e falam sua própria língua". Logo depois, os autores constatam: "A vida do agricultor é um longo dia de trabalho". O suor do camponês, dizem eles, "é o sal da mesa do *nobre*". A mensagem destinava-se a seus conterrâneos pobres, alguns dos quais, no entanto, entregaram o panfleto à polícia.

Georg Büchner nasceu a 17 de outubro de 1813, no estado de Hesse, Alemanha, e morreu a 19 de fevereiro de 1837, vítima de tifo, quando iniciava carreira de professor universitário na Suíça. Tendo vivido escassos 23 anos, deixou obra tão breve quanto densa: além de *O Mensageiro de Hesse*, escreveu a novela *Lenz* e as peças teatrais *A Morte de Danton*, *Leonce e Lena* e *Woyzeck*. Décadas depois de sua morte, esses trabalhos iriam inspirar gerações de escritores; naturalistas e expressionistas viram em Büchner um precursor. *Woyzeck* permaneceu inconcluso e foi publicado em 1879, estreando no palco somente a 8 de novembro de 1913.

Em artigo sobre o dramaturgo, que consta do livro *Teatro Moderno*, o crítico Anatol Rosenfeld aponta o conflito entre "as duas concepções contrárias" de mundo, a idealista e a materialista, concepções que lutam entre si quando Büchner chega à idade adulta. Rosenfeld relaciona o conflito ao "surto das ciências naturais", que punham sob suspeita as abstrações idealistas, fomentadas por autores como Friedrich Schiller – ídolo, diga-se, do adolescente Büchner. Este viveu como que pessoalmente o choque entre as duas tendências: seus textos se inclinam para o ceticismo, mas não deixam de interrogar o "céu vazio", reelaborando, em tom irônico ou desencantado, as perguntas feitas pela tradição metafísica.

Deve-se ponderar que as ciências, capazes de transformar o homem numa coletânea de funções em tudo similares às dos animais, pareciam apenas confirmar o que se poderia perceber pela observação direta. Ao mesmo tempo que o desenvolvimento científico – Büchner estudou zoologia e anatomia comparada – contribuía para que o escritor deslocasse o olhar das alturas abstratas para a vida miseravelmente concreta dos europeus de sua época, já a própria ordem cotidiana desmentia e desmoralizava, em boa medida, as abstrações metafísicas. Ao estudar filosofia, o jovem intelectual irá notar, em tom de queixa indignada, o quanto os textos doutrinários tinham pouco a ver com a vida real, nos campos e nas ruas.

O Mensageiro de Hesse – Primeira Mensagem envolvia não apenas exortações à revolta contra o estado de coisas, mas procurava baseá-las em dados factuais. Os autores fazem as contas do que se paga em impostos no estado de Hesse e, a seguir, denunciam: "Este dinheiro é o dízimo de sangue, que é tomado do corpo do povo. Cerca de 700 mil homens suam, suspiram e passam fome para isso", numa população que, em 1834, somava pouco mais de 718 mil pessoas. A partir de dados, digamos, frios, o texto torna evidente o quanto a riqueza era pessimamente distribuída em Hesse e em toda a Alemanha – que àquela altura não passara, como a França, por uma revolução política ou, como a Inglaterra, pela modernização industrial.

A colaboração de Weidig terá acrescentado ao texto fórmulas de tipo religioso, estranhas às ideias de Büchner, cético ou, ao menos, questionador dos valores religiosos de seu tempo. De qualquer maneira, o panfleto tem o mérito de mostrar os que detêm o poder como homens comuns, falíveis ou decididamente corruptos – o rei da Baviera, por exemplo, aparece descrito como "porco". Se *O Mensageiro de Hesse – Primeira Mensagem* trouxe a Büchner problemas com as autoridades, sem o levar, no entanto, a se esconder, a divulgação de uma nova edição do texto iria forçá-lo a fugir da cidade de Darmstadt para a francesa Estrasburgo, em 1835.

A cidadela do ateísmo

Nas semanas em que se preparava para o exílio, Büchner escreveu sua primeira peça, o drama *A Morte de Danton*, a única de suas obras literárias publicada em vida do autor. As personagens históricas são apresentadas, logo nas primeiras cenas, segundo o contraste fundamental entre o niilismo temerário de Danton e o pragmatismo cruel de Robespierre, parceiros na revolução que, naquele momento, já se haviam convertido em inimigos. A peça trata do mecanismo perverso mediante o qual o povo é visto como "um Minotauro" a exigir dos líderes que "lhe deem sua ração semanal de cadáveres, se não querem ser devorados por ele". Mas não se limita a descrever os processos da Revolução Francesa na fase do Terror: avança sobre o campo existencial, inquirindo o próprio sentido de nossa condição.

Assim, o tema da incomunicabilidade, da solidão irremissível, de larga fortuna em autores do século XX, comparece já à primeira cena, quando Danton diz a Júlia, sua mulher: "Pouco sabemos um do outro. Somos animais de pele grossa; estendemo-nos as mãos, mas é trabalho perdido: conseguimos apenas esfregar um no outro nosso couro de paquidermes. Somos seres solitários".

A imagem do títere, do homem guiado por mecanismos inconscientes ou tornado objeto de forças externas, também aparece em palavras que viriam a ser muito citadas, ditas por Danton no segundo ato: "Que é, dentro de nós, que mente e se prostitui, rouba e assassina? Títeres é o que somos; e forças desconhecidas nos movem pelos fios". Pouco adiante, a cadeia, onde foram encarcerados Danton, seus amigos e outros homens e mulheres, torna-se o cenário de uma discussão teológica, da qual participa o inglês Payne, que afirma:

> Eliminai a imperfeição; somente assim podereis demonstrar Deus. [...] Pode-se negar o

> mal, mas não a dor. Somente a razão pode demonstrar Deus; o sentimento se insurge contra isso. Toma nota desta pergunta, Anaxágoras: por que sofro? É essa a cidadela do ateísmo. A mais leve contração de dor, ainda que se produza apenas num átomo, abre na criação uma fenda de alto a baixo.

A Morte de Danton ainda é uma peça logicamente delineada, ou seja, obedece a cânones dramáticos até certo ponto tradicionais, com a apresentação das situações, a preparação do conflito, o desenlace. Mas já anuncia o modo épico ou analógico de compor que prevalecerá em *Woyzeck*, modo segundo o qual se privilegia ou, ao menos, se insinua o quadro social, visto como mais importante que a trajetória individual das personagens. Mais precisamente: o texto épico interessa-se não somente pela sorte dos indivíduos, mas procura enxergá-la na moldura de quadros e processos mais amplos, sociais, portanto. Os recursos mobilizados para a obtenção desses efeitos remetem à história apresentada aos saltos, em cenas relativamente independentes umas das outras, buscando-se o painel, o mosaico; além disso, não se pode dizer que, em *A Morte de Danton*, as palavras e os gestos praticados pelas personagens modifiquem de fato o seu destino, que parece delineado de antemão por motivos que escapam à vontade pessoal – a trajetória percorrida por Danton e seus companheiros mostra-se descendente e inexorável. Em suma, apresentam-se processos, mais do que se desenham personalidades, embora o perfil do protagonista seja, não há dúvida, o de um homem extraordinário.

As falas da peça têm tom retórico, grandiloquente, o que se justificaria porque, lembra Elias Canetti em artigo sobre Büchner, "a própria época é eloquente, e, afinal, os porta-vozes da revolução, em cujo meio se desenrola a peça, atingiram sua reputação graças ao uso das palavras". É verdade, afirma ainda Canetti, que o dramaturgo atribui loquacidade mesmo à jovem e pobre prostituta Marion, o que faz de *A Morte de Danton* "uma peça da escola da retórica, e, na verdade, da mais incomensurável dentre essas escolas – a de Shakespeare".

Nesse sentido, e sem esquecer que Büchner tomou emprestados diversos trechos à bibliografia da revolução, podem-se destacar as palavras ferozes de Saint-Just, pronunciadas diante da Convenção Nacional e destinadas a dar aspecto moral e mesmo *natural* aos crimes políticos:

> Que importa que se morra por obra de uma epidemia ou da revolução? Os passos da humanidade são lentos e se contam por séculos; atrás de cada um deles, erguem-se os túmulos de gerações inteiras. A conquista dos menores inventos e dos mais simples princípios custou a vida de milhões de homens, que pereceram no caminho. Num tempo em que a marcha da história é mais rápida, não será natural que a um número maior de homens venha a faltar a respiração?

Em aparente contraste com essa visão cínica e lúgubre da sorte humana, toca-se, noutro momento, o tema do epicurismo, da vida voltada para o prazer. Ainda no primeiro ato, em diálogo áspero com Robespierre, Danton diz, quando o outro pergunta se ele é capaz de negar a virtude: "Nego, também, o vício. O que há, são apenas epicuristas, grosseiros uns, requintados outros. Cristo foi o mais requintado de todos".

Deve-se ter cuidado, aqui, com o sentido da palavra epicurismo, filosofia que, ensina Anatol Rosenfeld, corresponde à "resposta do desengano em face de valores mais substanciais que os meramente hedonísticos". Assim, mais do que apenas devotar-se às "delícias da mesa e do amor", conforme o que a fama de dissoluto pode fazer crer, Danton comporta-se como desencantado frente à "derrocada dos ideais da Revolução Francesa", demitindo-se de quaisquer lutas – vistas como inúteis. Para ele, a própria vida tende a perder sentido.

A peça conta com passagens nas quais Büchner utiliza o tom de farsa, como na cena em que uma das personagens, em sucessivos apartes, à maneira dos vilões cômicos, nos permite saber que irá trair o plano de fuga dos companheiros. O tom predominante, porém, é naturalmente o dramático; a imaginação metafórica de Georg Büchner, uma de suas marcas, fertiliza as falas com que os presos, nas últimas cenas, tentam contornar a morte iminente na guilhotina.

Comportamento convulso

Estrasburgo oferecia vida cultural mais rica que a de Darmstadt, e lá Büchner encontrou referências a J. M. Reinhold Lenz (1751-1792), escritor formado no movimento *Sturm und Drang* [Tempestade e Ímpeto], vigente na década de 1770. Büchner lê obras de Lenz e pensa em fazer, da história de vida do dramaturgo, que morreu louco, uma dissertação. Acaba por compor uma novela, que permaneceria inconclusa. Nesse texto, chamado simplesmente *Lenz*, as imagens brilham, como que imantadas pelos delírios da personagem.

O credo estético do escritor pré-romântico tem pontos de contato com o de Büchner; a preocupação metafísica, ainda que apresentada como que pelo avesso, também está expressa na novela, à semelhança do que acontece em *A Morte de Danton* e nos textos seguintes.

De fato, a descrição de eventos naturais – o sol sobre as montanhas, a luz através das nuvens, a floresta, os pássaros – surge potencializada pela visão febril da personagem, que contamina o relato com sua loucura, relato feito por narrador onisciente, mas empático, permeável à criatura que apresenta. Lenz peregrina pelo interior da Alemanha, longe da família e da figura do pai, de quem resolveu se afastar. Chega a uma pequena localidade, onde o pastor Oberlin, que o conhecia somente de nome – havia lido suas peças –, o hospeda. Surtos de loucura cada vez mais intensos determinam o comportamento convulso de Lenz e gradualmente tornam insustentável a sua permanência na cidadezinha de Waldbach. A novela termina com sua volta, sob a tutela de homens de Waldbach, a Estrasburgo.

Importa destacar a habilidade imagética de Büchner, em trechos como este, quando Lenz atravessa as montanhas: "Cansaço não sentia, apenas era-lhe às vezes incômodo que não pudesse andar de cabeça para baixo". A angústia mística da personagem pode ser descrita assim: "o peito lacerado, de pé, ofegante, o corpo curvado para a frente, olhos e boca muito abertos, acreditava que devia aspirar em si a tormenta, abranger tudo em si".

O medo é sentimento constante: "À medida que os objetos pouco a pouco escureciam, tudo se lhe tornava tão irreal, tão intolerável: e vinha-lhe o medo, como às crianças que dormem no escuro; tinha a impressão de estar cego. Então, o medo ia aumentando, o pesadelo da loucura sentava-se a seus pés". Curiosamente, as crenças do pároco Oberlin, embora isentas do desequilíbrio que se nota no hipersensível Lenz, lembram a demência da personagem principal. A convicção de ouvir vozes, o sentimento de que o sobrenatural a todo instante pode interferir na vida humana, experimentados por Oberlin, fazem recordar, em ponto menor, os delírios de Lenz. O autor parece nos dizer que as crenças religiosas, alimentadas por nós, não passam de mansa loucura.

Conversando em torno da mesa, em momentos de lucidez, Lenz defende posições estéticas que outras personagens de Büchner, como o Camilo de *A Morte de Danton*, também sustentam. Assim, compare-se o que diz Camilo com o que afirma Lenz. Camilo:

> Se alguém fabrica um boneco, com os fios que o movem à vista e os engonços, a cada passo, rangendo em versos jâmbicos, aí, sim, exclamam: que caráter, que coerência! Se alguém pega um sentimento barato, um aforismo, um conceito, e lhe veste calças e casaco, põe-lhe mãos e pés, pinta-lhe o rosto e o faz espremer-se ao longo de três atos, até que, no fim, se casa ou se mata, aí, sim: que ideal! [...] Mas transportai-os do teatro para as ruas: como é feia a realidade! [...] Nada veem e nada ouvem da obra da criação, que arde, fervilha e se irradia dentro deles, renascendo a todo o instante. Vão ao teatro, leem poesias e romances, amoldam seus rostos às caretas que lá encontram e, depois, dizem que as criaturas de Deus são banais!

Lenz, falando de literatura e de pintura, defende conceitos similares (o que naturalmente faz pensar que as personagens são, em certa medida, porta-vozes do autor): "Em tudo exijo – vida, possibilidade de existência, e aí está tudo bem; então não haverá necessidade de perguntar se é bonito ou feio. O sentimento de que tudo o que se cria possui vida coloca-se acima disso e é o único critério em questões de arte". Pois "o rosto mais insignificante provoca uma impressão mais profunda que a mera sensação do belo". Por fim: "Prefiro *aquele* poeta e criador que me dá a natureza da maneira mais real, de modo que sua criação desperte meus sentimentos; todo o resto me aborrece". A personagem admira Shakespeare, canções populares e certas passagens de Goethe, afirmando, com ênfase polêmica, que "todo o resto pode ser jogado no fogo".

Alguns desses critérios sugerem o senso do real que realistas e naturalistas mais tarde reclamariam para si. Os conceitos emitidos por Lenz não se limitam, porém, a respaldar pontos de vista e técnicas que supostamente descrevam a realidade melhor que outras, restringindo-se ao plausível, ao verossímil; fala-se aqui na criação capaz de despertar os sentimentos, o que abre caminho para o uso incisivo da imaginação no desvelar da realidade. Os próprios textos de Büchner, com sua mistura de registros – cômico e dramático, entre outros –, seu lirismo e sua capacidade imagética, podem confirmá-lo.

Uma última palavra sobre a novela deve referir-se à mencionada preocupação metafísica, também relacionada às peças teatrais de Büchner. Há um trecho, em especial, que merece lembrança. Homem e divindade se enfrentam, segundo imagens brutais: Lenz "tinha a impressão de poder cerrar um punho gigantesco em direção aos céus e puxar Deus para baixo, arrastando-o por entre as nuvens; como se pudesse triturar o mundo com os dentes e cuspi-lo de volta no rosto do Criador; jurava e blasfemava".

Reviravoltas irônicas

O tema do tédio, sentimento carregado de angústia, marcado pela sensação da falta de saídas, surge em *Lenz* assim como aparecerá, logo depois, na comédia *Leonce e Lena* – "pois a maioria das pessoas reza por tédio, outras, por tédio, apaixonam-se, algumas são virtuosas, outras são corruptas, e eu não sou nada, não tenho nem ânimo de me suicidar: é muito enfadonho!", diz a personagem da novela. Naturalmente, pode-se deslocar o sem-saída metafísico, sugerido nessas palavras, para o âmbito social, para o contexto em que intelectuais como Lenz, habitando atmosfera autoritária e conservadora, tinham chances escassas de afirmação pessoal.

Büchner escreveu *Leonce e Lena*, em 1836, para um concurso literário em que seria escolhida a "melhor comédia alemã", mas perdeu o prazo de envio do texto. A peça pretende fazer a paródia das histórias açucaradas, mas, sem abdicar da leveza, apresenta traços de melancolia, que se somam a um desenlace irônico. O príncipe Leonce agasta-se com a própria ociosidade, indolência que é provavelmente a de sua classe, a dos nobres alemães da época.

Trata-se também de uma ociosidade compulsória, imposta, por determinação metafísica, a todos os homens. Fazendo eco direto a *Lenz*, o príncipe, a um só tempo gaiato e taciturno, afirma já na primeira cena: "O que as pessoas fazem por causa do tédio! Estudam pelo tédio, rezam pelo tédio, apaixonam--se, casam-se, multiplicam-se pelo tédio e finalmente morrem de tédio e – aí está a graça – tudo isso com os rostos mais compenetrados, sem saber por que e pensando que Deus sabe".

Büchner aponta as armas da ironia em mais de uma direção e, na segunda cena, faz a sátira do idealismo filosófico de Kant ou Hegel na figura ridícula do rei Peter, pai de Leonce. O rei veste-se atabalhoadamente e lamenta: "Chega, que feio! O livre-arbítrio está aí em frente, bem à vista. Onde está a moral: onde estão as abotoaduras? As categorias estão na mais lastimável desordem".

O humor está não somente nas situações, como também nas falas. Conforme Anatol Rosenfeld assinalou, a linguagem salta, brinca o tempo todo com trocadilhos e metáforas. Como acontece na cena em que Rosetta, a atual namorada de Leonce – o príncipe está prestes a abandonar a moça –, pergunta a ele: "Então me amas por tédio?" Leonce retruca, *blasé*: "Não, tenho tédio porque te amo. Mas amo meu tédio como a ti". Mais adiante, o nobre reafirma seu estado de espírito: "Minha cabeça é um salão de festas vazio". Leonce, que debocha do amor, irá render-se ao sentimento quando lhe aparecer a princesa Lena.

Nota-se na peça a habilidade no manejo das imagens, ao mesmo tempo que se percebem temas nada fúteis numa comédia aparentemente simples, de estrutura calcada nos motes tradicionais do teatro cômico – a troca de identidades, as coincidências redentoras, as reviravoltas irônicas. Um desses temas menos leves é o da falta de amor, que o texto relaciona à quebra da imagem do sujeito, à cisão psicológica. Leonce diz, no segundo ato: "Que nada! Que nada! Nem ouso esticar os braços, como se estivesse numa estreita sala de espelhos, com medo de esbarrar em todos os lados, fazendo com que as belas figuras caiam ao chão, aos cacos, e deixando-me diante da parede nua".

O paradoxo armado pela peça, valendo-se do recurso do quiproquó – as identidades são trocadas ou confundidas –, é o de que Leonce, instado a se casar pelo pai, não quer se deixar amarrar a uma mulher que não conhece e, por isso, foge, acompanhado por Valério (a fuga dá oportunidade a Büchner de fazer a sátira da Alemanha de então, como no episódio dos policiais, mais assustados diante daqueles que deveriam interrogar que os próprios suspeitos). Lena, princesa de um reino próximo, também fugiu, acompanhada de sua ama, para evitar ter de se ligar a um homem que não sabe quem é. Mas, sem se conhecerem, eles se encontram e se apaixonam. O casamento por amor acabou risonhamente por coincidir com o casamento por interesse; o livre-arbítrio e seu contrário, ou seja, a submissão à ordem social ou familiar, terminam por se corresponder e por anular um ao outro.

Um último aspecto a identificar na comédia é o político. Rosenfeld nos diz que, "ao dirigir-se, nesta comédia insólita [...], contra o idealismo filosófico, Büchner afirma uma posição; a posição de um realismo que está além do nada no momento mesmo em que parece exaltar, na cena final, a gostosa indolência dos 'relógios quebrados'". Trata-se do "realismo da fome atual". Nessa linha, podemos ver o povo descrito como subserviente e mesmo estúpido, a repetir palavras de ordem sob o comando do Mestre-escola, povo tratado como legião de crianças ou de adultos infantilizados – com o que Büchner justamente critica o estado de coisas.

O tema do títere volta quando Leonce e Lena retornam, disfarçados como "bonecos de papelão", o que sublinha o quanto é relativa a liberdade das personagens. A certa altura, Leonce assume a liderança da cena e se dirige com generosidade aos homens e mulheres presentes: "Minha esposa e eu lamentamos profundamente ter-vos mantido a serviço hoje, por tanto tempo. É tão triste vossa situação que de forma alguma desejamos testar por mais tempo vossa fidelidade". O príncipe então os convida a ir para casa e a voltar no dia seguinte, quando "com toda a calma e em todo o conforto recomeçaremos a brincadeira, desde o início".

Questões existenciais e políticas se superpõem, desse modo, mesmo numa peça supostamente despretensiosa, de estrutura muito simples, sim, mas que parece parafrasear a de outras comédias. Como se *Leonce e Lena* pretendesse ser uma comédia em segundo grau, interrogando a própria técnica de composição do gênero e ligando essa técnica a temas pouco usuais: tédio, identidade, liberdade individual. Ao fim do texto, o desejo político-utópico é expresso com suave ironia, quando Valério, espécie de alter ego de Leonce, profere a sua sentença:

> E eu serei ministro de Estado [...]; quem se gabar de ganhar seu pão com o suor de seu rosto, será considerado louco e perigoso para conviver na sociedade. E depois nós nos deitaremos na sombra e pediremos a Deus

macarrão, melão e figos e mais gargantas musicais, corpos clássicos e uma religião que seja cômoda.

"A Woyzeck, ama-se"

Como lembra Fernando Peixoto em *Georg Büchner – A Dramaturgia do Terror*, o povo aparecerá em *A Morte de Danton* para ser envolvido em palavras de ordem demagógicas, já àquela altura distantes dos propósitos iniciais da revolução; e, em *Leonce e Lena*, os populares comparecem apenas para repetir, de maneira comicamente mecânica, um "viva!" às autoridades. Em *Woyzeck*, porém, não é isso o que se dá: os mais pobres, representados na personagem-título e em outras figuras que lhe são próximas, passam a ocupar o centro da cena, o que corresponde ao "instante histórico em que o proletariado surge na qualidade de protagonista na dramaturgia universal", afirma Peixoto.

A novidade, essencial, liga-se a alterações importantes no recorte das personagens. Em contraste com os heróis clássicos, seres excepcionais mesmo na derrota e na queda, Woyzeck é homem desequilibrado e frágil, manipulado pelos superiores, o Capitão e o Médico, traído pela namorada Marie e espancado pelo rival, o Tamboreiro-mor. Sua capacidade de compreender o que se passa à volta mostra-se limitada, embora, às vezes, o soldado saiba ser incisivo, como se nota em algumas réplicas às palavras moralistas ou sarcásticas do Capitão. Os fatos se sucedem em torno dele ou, por outra, caem sobre ele sem que encontre maneira de responder às pressões, salvo pelo caminho extremo, o da vingança contra Marie, tão frágil quanto o namorado. Büchner foi buscar o argumento para *Woyzeck* em episódio controverso, ocorrido em 1821, processo legal "que condenou à morte o assassino deste nome e que foi executado em praça pública, a 27 de agosto de 1824, na cidade de Leipzig", informa Erwin Theodor em *O Trágico na Obra de Georg Büchner*.

A polêmica filosófica, presente às outras peças, retorna no último texto deixado por Büchner, na verdade texto inacabado – restaram quatro manuscritos, que dão margem a dúvidas quanto à sequência das cenas e impõem a necessidade de se reinterpretar a peça a cada tradução ou montagem que dela se faça. Aquela polêmica ressurge em *Woyzeck*, por exemplo, pela redução do homem a seus aspectos animais, com a qual o otimismo idealista é posto sob severa, irônica suspeita.

Assim, tomando-se por base a tradução de João Marschner, a quarta cena, "No Médico", traz o doutor zangado com Woyzeck porque o soldado, obedecendo a necessidades elementares, urinou na rua. O rapaz alega que "a natureza exige" tal comportamento, ao que o Médico, inflexível, retruca: "A natureza! Pois eu não demonstrei que o *musculus constrictor vesicae* está subordinado à vontade? A natureza! Woyzeck, o homem é livre, no homem se revela o individualismo da liberdade. Não ser capaz de conter a bexiga! É mentira, Woyzeck!" Büchner, bem-humorado, inverte aqui as proposições idealistas – tão belamente expressas em livros como *A Educação Estética do Homem*, de Schiller –, capazes de elevar o ser humano a alturas implausíveis.

A cena seguinte, a da feira de diversões, oferece momentos similares. Woyzeck e Marie vão à praça distrair-se, compensando a rotina sem encantos, e lá assistem ao desempenho histriônico do Charlatão, que exibe um macaco e, depois, um cavalo, comparando-os a seres humanos. O macaco, criatura "como Deus a fez", equivale a "nada, nada mesmo". Por obra da cultura, no entanto, transfigura-se, "usa calças e jaqueta, tem uma espada!" A ironia do autor leva o Charlatão a admitir que, na condição de soldado, o macaco "ainda não é muito, o mais baixo degrau da espécie humana". A seguir, o Charlatão convida os espectadores a entrarem na tenda, onde apresenta o cavalo, outra imagem derrisória do humano. Büchner satiriza a academia e a ciência, já que o animal "é sócio de uma entidade de sábios, é professor de nossa universidade e com ele os estudantes aprendem a cavalgar e a chicotear".

A redução dos homens a animais relaciona-se ao tema do títere, já tocado em *A Morte de Danton* – animais ou títeres, as personagens são ou tendem a ser autômatos, criaturas desprovidas de liberdade. Mas se, na primeira peça de Büchner, o tema aparece verbalizado por Danton, homem lúcido e eloquente, em *Woyzeck* será posto em situação com o tumulto interior vivido pelo soldado, expresso em reações convulsas e inarticuladas. Uma passagem característica, nesse sentido, é aquela em que, depois de ver Marie e o Tamboreiro-mor a dançarem na taberna, Woyzeck se atira ao chão, ouvindo uma voz a ordenar que ele "apunhale a loba".

Woyzeck age como autômato – manipulado por seus próprios sentimentos, que já não consegue organizar – repetindo a frase que o enlouquece: a expressão de Marie a pedir "mais, mais" enquanto dança com o Tamboreiro. É a última das humilhações, depois daquelas a que o Capitão e o Médico o submeteram: ele perdeu a mulher para o militar mais graduado e glamoroso. Então, resolve – se é que se pode falar aqui em resolução – matar a moça.

Büchner não descarta, a meu ver, que o homicídio tenha algo de premeditado, algo de consciente: lembre-se que Woyzeck vai até a loja do Judeu para comprar a lâmina barata com que irá matar Marie, passagem em que a sátira recai sobre o vendedor, indiferente ao crime que porventura se pratique com a arma (a cena da compra do punhal tem caráter naturalista, pois se destina a fixar o objeto com que o crime será executado; tem função analítica, procurando decompor o ato em seus detalhes). É óbvio, porém, que o crime propriamente dito, no momento em que Woyzeck esfaqueia Marie, agredindo-a muitas vezes, só poderia acontecer sob emoção intensa. Fica a sugestão de que ele se suicida a seguir.

Büchner, nesse estudo das motivações do homicídio ou, mais amplamente, dos atos extremos que é *Woyzeck*, insinua que vontade consciente e comoção dionisíaca (no caso, a de um Dioniso assassino) operem juntas, andem lado a lado. O autor mostra ambas as circunstâncias – a personagem não deixa de ser responsável pelo que faz, porque o faz, até dado instante, com certa consciência; ao mesmo tempo, muito do que a personagem pratica, está claro, a ultrapassa. Essa parece justamente ser a forma que o tema do autômato assume na peça; ligado a ele, encontra-se o tema da liberdade de escolha e seus limites. Os limites ferozmente impostos à liberdade do miliciano envolvem, como já se assinalou, as atitudes do Médico, a usá-lo como cobaia em ridículas experiências científicas – em passagens que antecipam o teatro do absurdo, mas que teriam tido inspiração em episódios verídicos; as do Capitão, a testá-lo na capacidade de resistir a humilhações, quando insinua que a namorada lhe é infiel; as de Marie, compreensivelmente encantada por um homem que a faz esquecer as derrotas cotidianas; as do Tamboreiro-mor, sujeito obtuso, impiedoso e, afinal, não muito menos subalterno, socialmente secundário, que o próprio Woyzeck.

A composição circular, épica, em cenas aparentemente soltas, a inexorabilidade com que a personagem é lançada descendentemente a seu destino e as imagens plásticas, disseminadas pela história – a "lua de sangue", os tons de vermelho e prata na lâmina ensanguentada são exemplos –, constituem outros aspectos dignos de nota nessa breve e extraordinária peça. "Teatralmente, pinta-se uma vertigem, que será um dos ideais do expressionismo", escreve Sábato Magaldi em artigo de 1963, apontando uma das vertentes que viriam a beber em *Woyzeck*. É ainda Sábato quem articula o sentimento a que a personagem nos induz: "Admiramos muitas peças e muitas personagens. Reconhecemos intelectualmente a genialidade de muitas obras. A Woyzeck, ama-se, como a um semelhante. Sem ser profeta, pode-se imaginar que, no futuro, ele encarnará uma nova mitologia – a mitologia do nosso tempo". O desamparo da personagem, desorientada em meio a esperanças desfeitas, lembra um pouco o de cada um de nós.

O sentido da adaptação

A ideia e o desejo de fazer a adaptação de *Woyzeck* em verso nasceram em 1996, quando participei, compondo três canções, da montagem brasiliense dirigida por Tullio Guimarães. Na ocasião, propus a Tullio que encenasse o texto em verso, embora a tarefa de adaptá-lo desse modo ainda estivesse por se cumprir (a primeira redação seria feita em 1999). O diretor, consciente das dificuldades da peça alemã e dedicado a levá-la à cena em poucos meses, respondeu, entre cético e bem-humorado: "Por favor, não complique a minha vida".

O programa pessoal de escrever peças em verso – outro exemplar dessa espécie chama-se *Últimos* e é de 1998, tendo sido publicado dez anos depois – corresponde à face prática de projeto que tem sua face teórica na tese de doutorado sobre o musical brasileiro dos anos 1960 e 1970, defendida na Universidade de Brasília em 2006. Nessa tese, abordo textos como *Se Correr o Bicho Pega, se Ficar o Bicho Come*, de Oduvaldo Vianna Filho e Ferreira Gullar; *Dr. Getúlio, Sua Vida e Sua Glória* (que reaparece mais tarde com o título de *Vargas*), de Dias Gomes e Gullar, e *Gota d'Água*, de Chico Buarque e Paulo Pontes, redigidos em verso ou, no caso de *Dr. Getúlio...*, em prosa e verso (o elenco de peças estudadas na tese não se restringe, porém, aos textos em verso). O objetivo é o de entender de que modo os aspectos estéticos e políticos se conjugam nessas obras.

Por que o verso? Posso responder citando nota sobre a comédia *O Avaro*, de Molière, em que se conta o seguinte: "Houve até quem se escandalizasse: 'Como, dizia o sr. Duque de..., Molière enlouqueceu e nos toma por idiotas, fazendo-nos aguentar cinco atos em prosa? Onde já se viu tamanha extravagância? De que maneira pode alguém divertir-se com prosa?'" Noutras palavras: tudo são convenções; havia e deve haver bons motivos para que Molière, Ferreira Gullar ou Chico Buarque praticassem o texto medido e rimado.

Não cabe me alongar agora sobre esses motivos (que de alguma forma são também os meus), como se fosse necessário defender, de antemão e com excessiva prudência, uma proposta ou opção artística. O melhor é deixar que leitores e espectadores avaliem os resultados do trabalho, aplicado a um clássico da dramaturgia ocidental, o incisivo e pungente *Woyzeck*. Recordo apenas que o verso, instrumento da poesia, arte vizinha da música, deve emprestar ao palco certas qualidades estéticas pelas quais a imaginação do espectador, liberta das contingências rotineiras às quais a prosa costuma estar ligada, possa operar de modo mais intenso, mais lírico e onírico, mais... poético. O que não irá diminuir em nada o poder que o texto tenha de iluminar a realidade; pelo contrário. Os versos condensam também, no caso das peças brasileiras citadas, a intenção de articular de maneira lúdica e empática, em tom popular, a fábula, as personagens, os conceitos que o dramaturgo queira transmitir ao público. *Zé* também quer – por que não? – ser popular.

A métrica varia de cena para cena ou no interior de cada uma delas, como se vai perceber – utilizo o verso de cinco, o de sete, o de oito, o de nove, o de dez sílabas –, ainda que predomine o de sete sílabas, metro usado tanto no cordel quanto na poesia culta, muito frequente em português. As rimas consoantes ou toantes (isto é, exatas ou inexatas) comparecem, em geral de modo disciplinado, parte que são da prática proposta. Do ponto de vista da legibilidade, vale dizer que visei tornar mais claras certas passagens caracteristicamente lacônicas ou obscuras do original.

Uma palavra, ainda, sobre o sentido da adaptação, segundo o percebo. Para nós, brasileiros, Büchner pode assumir papel especialíssimo. Ele foi capaz de fazer viver a primeira grande personagem proletária do drama ocidental – e é curioso notar, nessa linha, que todas as figuras pobres, em *Woyzeck*, têm nome próprio (o protagonista, a namorada Marie, o amigo Andres), enquanto os donos do poder são designados por suas funções (Capitão, Médico, Tamboreiro-mor). Isso poderia ser mero detalhe se não correspondesse a uma psicologia mais fina e humana no caso dos proletários, ao passo que os chefes ou senhores parecem caricaturas, são antes o retrato de papéis sociais que o de pessoas inteiras. A opção crítica do autor é, portanto, clara.

Mas Büchner viveu em fase pré-marxista, tendo estado, assim, alheio às interdições que o marxismo – decidido a combater os preconceitos filosóficos e religiosos que ajudaram a conformar "os que não têm dinheiro" à ordem liderada pelos ricos – infelizmente acabou por fomentar. Mais especificamente: a atmosfera intelectual pós-Marx em larga medida desacreditou, por princípio, qualquer interrogação do mistério metafísico. Esse clima, iniciado já nas primeiras décadas do século XIX, com o "surto das ciências naturais", não chegou a alcançar Büchner, pelo menos não de modo completo, a ponto de limitá-lo.

De fato, o dramaturgo não teve pudor em combinar as perguntas de tipo metafísico às de natureza social e política, formulando-as segundo soluções estéticas novas. Concluo trazendo a questão para o nosso âmbito: Nelson Rodrigues, que tematiza amor e morte, e dramaturgos como Augusto Boal, Gianfrancesco Guarnieri e Vianinha, politicamente empenhados, podem ser relidos sob a inspiração de Georg Büchner. O garoto alemão nos auxilia a fazer a síntese dessas correntes, a existencial e a engajada, muitas vezes vistas, por engano, como irreconciliáveis.

Expressar-se em verso constitui desafio para diretores e atores, desabituados a fazê-lo. Mas, a essa altura, já entraria em seara que não me pertence. Fico por aqui, vamos ao *Zé*. Com pequenas alterações, a história é a de Büchner; minha contribuição se dá no plano dos versos e das quatro canções incorporadas à peça. O intuito maior, afinal de contas, é o de promover alguns instantes de beleza, ligados à consciência do humano que a figura de Woyzeck tem sabido acordar em gerações de leitores. Busquei realizá-lo valendo-me de recurso tão rico de possibilidades quanto pouco explorado no teatro brasileiro hoje.

F. M.

A PEÇA

AS PERSONAGENS

ZÉ

MARIA

CAPITÃO

MÉDICO

TAMBOREIRO-MOR

ANDRÉ

MARGARETE

CÁTIA

SUBOFICIAL

CHARLATÃO DE FEIRA

VELHO

CRIANÇA

JUDEU

TABERNEIRO

PRIMEIRO APRENDIZ DE TRABALHOS MANUAIS

SEGUNDO APRENDIZ

BUFÃO (*Carlos*)

MENINO (*Cristiano, filho de Maria e Zé*)

AVÓ

MENINA

CRIANÇAS

POLICIAL

ESTUDANTES DE MEDICINA

RAPAZES E MOÇAS, POVO

Quarto

(Quando os espectadores começarem a chegar,
os músicos estarão executando a Canção de Maria,
sem letra. O cenário mostra o quarto do Capitão.
Ele está sentado numa cadeira; Zé o barbeia.
A canção se encerra.)

CAPITÃO:
Calma, José, calma!
Assim fico tonto.
O bigode pronto
em tempo tão curto
não vale uma palma.
Calma, homem, calma!
Ganhei dez minutos
exatos, enxutos.
Pra que tanta pressa?
Mais vale é a alma...
Pensa, José, pensa:
só tens trinta anos,
trinta lindos anos,
horas, dias, meses...
A vida é imensa!

ZÉ: Sim, seu Capitão!

CAPITÃO:

Convém fazer planos.
Deixar de ser tonto,
deixar de ser pronto.

(*Bate no bolso, figurando dinheiro. Muda de tom; agora pensativo.*)

Temo pelo mundo
e seus muitos enganos.
Eu tremo ao pensar
no trabalho eterno;
o trabalho eterno
que logo se esfuma
e some no ar!
Eu sinto pavor
ao pensar que o mundo
não para um segundo.
Que grande canseira.
E, muito pior,
pra onde, afinal,
tudo isso conduz?
Que peso, que cruz.
Fico melancólico
ao ler o jornal.

ZÉ: Sim, seu Capitão.

CAPITÃO:

Estás sempre apressado.
Um homem de bem,
um homem, alguém
de mente tranquila,
tem menos cuidados.

(*maquinando algo*)

Mudemos de assunto.
Como está o tempo?

ZÉ: Ruim. Muito vento.

CAPITÃO:

Já estou sentindo;
é um vento absurdo...
Vai de norte a sul?

ZÉ: Não, de sul a norte.

CAPITÃO (*rindo*)**:**

Ah, de sul a norte!
Sabes ler o céu,
decifrar o azul?
Ora, com que meios?
Como é limitado
o pobre soldado.

(*em tom compassivo*)

Tu és um bom homem.

(*com dignidade*)

Mas tu não tens freios.
Não fazes esporte,
te falta moral,
não lês nem jornal.
E fizeste um filho
sem bênção da corte.

ZÉ:

Senhor maioral,
Deus não abandona
a pobre criança
apenas porque
nasceu natural.

CAPITÃO:

Que dizes, meu Deus?
Que papo, que prosa!

De tão curiosa,
me deixa confuso.
Ai, meu Deus do céu...

ZÉ:

Nós, pés de chinelo...
Sabe, o dinheiro,
quem não tem dinheiro...
Temos carne e sangue,
mas sangue amarelo.
Somos desgraçados
neste e noutro mundo.
Lá no céu profundo,
mesmo lá, seremos
somente empregados.

CAPITÃO:

Zé, não tens virtudes,
não és virtuoso.
Ou és virtuoso?
Ora, carne e sangue!
A mim, não me iludes.
Eu vejo passarem
além das janelas,
por entre as vielas,
sapatos suspeitos
a se condenarem.
Demônios, José,
eu sinto é amor!
Também, por favor,
tenho carne e sangue.
Sobretudo, fé.
Pra vencer o tédio,
pra passar o tempo,
eu digo a mim mesmo
que és virtuoso.
Sim, tu tens remédio.

ZÉ:

Ora, Capitão,
virtude e empenho...
Coisas que não tenho.
Nós, os pés-rapados,
os sem-coração,
apenas seguimos
a lei natural.
Não lemos jornal.
No entanto, se andasse
coberto de mimos,
se fosse doutor,
usasse chapéu,
relógio e anel,
falasse direito,
tão duro e tão doce,
seria adorado,
senhor Capitão.
Mas eu? Ah, eu não,
não passo de um pobre,
um pobre coitado.

CAPITÃO:

Então está bem.
Mas pensas demais,
tens pressa demais.
Cansou-me a conversa.
Faz o que convém:
vai bem devagar,
que desças a rua
e esperes a lua.
Vê lá se não corres.
(*imperativo*)
Sai, sem tropeçar!

Campo aberto. A cidade a distância

(*Zé e André caminham. André assobia.*)

ZÉ:

Esse lugar é maldito.
Lá naquela área nua,
além do capim, sob a lua,
onde crescem cogumelos,
cabeças rolam, à noite,
puxadas pelos cabelos.
Um dia, vinha o sujeito
tranquilo, ainda era claro.
Na terra abriu-se um buraco,
e braços misteriosos
agarraram o rapaz.
Depois, acharam seus ossos...

ANDRÉ (*cantando a* Canção da Criança):

Abre o sol as suas candeias
Brota o trigo amigo nas serras...

ZÉ:

Silêncio! Estás ouvindo?
André, estás escutando?
São maçons? Alguém vem vindo.

ANDRÉ (*cantando, tenta espantar o medo*):

Brilha o sol com suas lanternas
Brota o trigo amigo nas mesas...

ZÉ:

Alguém anda atrás de mim,
alguém anda sob o chão.
(*Bate os pés no chão.*)
Escuta, esquece a canção:
olha, o solo está oco.
E os maçons com tudo isso?
Ou então fiquei maluco.

ANDRÉ: Meu amigo, tenho medo.

ZÉ:

Mas que silêncio esquisito!
Esse lugar é maldito,
não se pode respirar.
Um clarão sobre a cidade,
alguma coisa no ar...
Um fogo anda no céu,
as nuvens pretas, repletas,
e a legião de capetas
que dançam na confusão.
Vai se armando a tempestade...
André, esquece a canção!

ANDRÉ (*após uma pausa*): Estás escutando, Zé?

ZÉ:

Silêncio. Tudo em silêncio.
Como se o mundo estivesse
morto.

ANDRÉ:

Escutas agora?
Estão tocando os tambores.
É melhor irmos embora.

3

A cidade

(Maria com sua criança, à janela. Também Margarete, noutra janela. Passa a banda militar, tendo à frente o Tamboreiro-mor.)

MARIA (*ninando a criança nos braços*):
Ei, garoto, estás ouvindo?
Vem a banda militar.

MARGARETE: Que homem, parece uma árvore!

MARIA: Nem o leão é tão lindo.
(*O Tamboreiro-mor faz uma saudação.*)

MARGARETE (*a Maria*):
Ora, que olhos alegres!
Raramente és tão feliz.

MARIA: Os soldados causam febres...

MARGARETE: E os teus estão febris.

MARIA:
É? Leve os teus ao judeu,
para que possa limpá-los.

Poderás então trocá-los
por um par igual ao meu.

MARGARETE:
Sou uma mulher honesta!
Mas a senhora conhece
sete calças pela fresta!

MARIA:
Bandida! (*Bate a janela.*) Não dá nem desce!
Meu Deus, mas agora esta!
(*falando ao filho, terna*)
Meu pobre filho da puta!
Sua cara desonesta
me alegra. E agora escuta.
(*Canta a* Canção de Maria, *como se pensasse em voz alta.*)

MARIA (*cantando*):
Maria, teu homem foi embora.
Com cria de colo e tão sozinha,
menina, que vais fazer agora?

Cantar e dançar a noite toda,
perdi o meu homem mas, sozinha,
mil outros então à minha roda
estão

Com quais artifícios alimentas
a cria que levas em teu braço,
Maria, e como te sustentas?

Aprendo a dançar na noite acesa,
nas ruas escuras onde caço
fregueses às vezes, a tristeza,
não

Cantar e dançar na noite acesa,
nos quartos baratos onde faço
rapazes cansarem, a tristeza,
não

(*Batem à janela.*)

MARIA: Quem é? É você, Zé? Entra!

ZÉ (*apressado*)**:** Está na hora da chamada.

MARIA: E então, colheste as ervas?

ZÉ: Fui ao campo com André.

MARIA: Mas vem cá, escuta, entra.

ZÉ: Não dá. Preciso correr.

MARIA: Tem a cara transtornada.

ZÉ:

Olha, aconteceu de novo.
Está escrito que o fogo
ergueu-se da terra fria
como o fogo do fogão?
Eu sabia, eu sabia...

MARIA (*sem entender*)**:** O quê?

ZÉ:

E andava atrás de mim
até os confins da cidade.
Não teremos tempestade?

MARIA: Zé!

ZÉ:

Eu tenho de ir ligeiro.
Hoje à noite, lá na feira.
Já juntei algum dinheiro.

(*Sai.*)

4

No Médico

(*Zé e o Médico*)

MÉDICO:
O que foi que eu vi,
José? Um homem de bem!
Um homem, homem, alguém!

ZÉ: O que foi, senhor doutor?

MÉDICO:
Urinando logo ali!
Não adianta negar.
Mijou no muro, na rua,
fazendo a cena mais crua,
como se fosse um cachorro...
Você, que coisa vulgar!
No entanto, quer merecer
os seus três tostões por dia,
sem falar na boia fria.
O mundo, assim, é ruim.
Ah, José, que desprazer.

ZÉ:
Mas, doutor, a natureza
nos obriga a urinar!

MÉDICO:

Ora, a natureza obriga!
Que superstição medonha!
Então o homem não sonha?
Não demonstrei que a razão
é que controla a bexiga?
José, o homem é livre!
O homem possui vontade
que o obriga à liberdade.
Não segurar a bexiga...
Ora, não venha mentir!

(*Sacode a cabeça, põe as mãos às costas e caminha de um lado para outro.*)

Já comeu suas ervilhas?
Ponha na sua cabeça:
só ervilhas, não esqueça!
Semana que vem, carneiro;
provaremos maravilhas.
Revolução na ciência,
a ciência do porvir!
Vamos fazer explodir
as velhas noções caducas.
Vamos, tenha consciência:
amônia amaro-salgada,
mililitros de xixi,
meu Deus, José, chegue aqui.
Tente urinar outra vez.
Lá dentro, na outra sala.

ZÉ: Não posso, senhor doutor.

MÉDICO:

Ah, mas no muro pode,
na rua, no poste, pode!
Assinamos um contrato.
José, me faça o favor...

Eu vi com estes meus olhos...
Eu punha o nariz lá fora
deixando que a luz da aurora
penetrasse nas narinas
pra observar o fenômeno
do espirro – e que belo quadro...
(*Lembra-se.*)
Apanhou sapos pra mim?
Talvez um pólipo, enfim?
Nenhuma hidra? Ventosas?
Cristaloides? Descuidado,
não toque no microscópio,
que acabo de colocar
um certo dente molar
dentro dele. Vou fazer
explodir o infusório
e com ele todo o mundo!
Mas nem um ovo de aranha?
Nem sapos você me apanha?
No entanto, mijou no muro.
Que procedimento imundo.
(*Dá-lhe um pontapé.*)
Não, Zé, não estou irritado.
A irritação faz mal
à pesquisa e à moral.
Estou calmo e com toda a calma
é que lhe tenho falado.
Deus nos guarde de ter raiva
dos homens, os fariseus!
Sejam pagãos ou ateus
ferindo, matando a gente.
Mas, José, você mijar?

ZÉ:

Sabe, senhor doutor,
nós temos um jeito assim,
um caráter, mas, enfim,

com a natureza, não...
A coisa fica pior.

MÉDICO: Filosofando de novo.

ZÉ:

Senhor doutor, o senhor
já viu essa coisa estranha,
essa, que corre na entranha?
O mundo parece em fogo.
Essa dupla natureza
quando o sol faz mais calor
e a gente sente um torpor?
Nessas horas, uma voz
falou comigo. Certeza.

MÉDICO: José tem uma *aberratio*.

ZÉ:

Pois, doutor, a natureza...
Quando a natureza acesa
apaga...

MÉDICO:

Mas como apaga?
Aberratio, *aberratio*...

ZÉ:

Quando a natureza apaga
é quando apaga a natureza...
O mundo parece em trevas
e temos que tatear
e a terra desfaz-se em água.
Quando a natureza apaga:
quando uma coisa é
e ao mesmo tempo não é.

Tudo fica muito escuro,
só resta uma luz acesa
brilhando como uma lâmpada
suspensa no céu, no oeste.

MÉDICO:
Anda como se tivesse
pés de aranha, a tatear!
Mas eu não estou falando...

ZÉ:
Doutor, há os cogumelos,
é aí, aí que está.
Já viu que figuras dá
um cogumelo, ao crescer?
E crescem como cabelos.

MÉDICO:
José ostenta a mais linda
aberração parcial,
desenvolvida legal.
Zé vai ganhar um aumento!
Aberração, e ainda:
complicação de segundo
tipo, com ideia fixa,
uma boa ideia fixa.
Ainda faz seu serviço?
Barbeia o Capitão e tudo?

ZÉ: Faço, sim, senhor doutor.

MÉDICO: E come as suas ervilhas?

ZÉ:
Sim, refeições tranquilas.
E minha mulher arranja
mais dinheiro, seu doutor.

MÉDICO: E faz seu dever de casa?

ZÉ: Sim, seu doutor, normalmente.

MÉDICO:

É um caso interessante,
uma bela ideia fixa!
Dia desses dorme em casa
e acorda no hospital!
Pode até ganhar aumento
se se comportar direito.
Venha cá, me mostre o pulso.
Um caso sensacional...

ZÉ: O que é que devo fazer?

MÉDICO:

Comer ervilhas. Depois,
dentro de um dia ou dois
ou quem sabe três ou quatro,
carne de carneiro. E ver
se limpa o fuzil. E vai
ganhar um tostão de aumento
por seu desenvolvimento,
ainda nesta semana.
A ciência! Agora, sai.

5

A feira. Tendas. Luzes. Povo

(*O Velho canta e a Criança dança ao som do acordeão. A música é o* Tema do Fim.)

VELHO (*cantando*):

No mundo não há consistência
Todos vamos morrer
Sabemos muito bem
Vamos morrer
Sabemos bem

No fundo não há consciência
Logo vamos passar
Fazemos muito bem
Vamos passar
Fazemos bem

ZÉ:

Ei, olhe! Pobre homem, pobre velho.
Pobre criança, lhe serve de espelho.
Preocupações e festas!

MARIA:

Se os loucos
têm razão, nós é que somos malucos!
Que belas figuras, nem acredito.

Ah, mundo engraçado, mundo bonito!
(*Os dois seguem até onde está o Charlatão de Feira.*)

CHARLATÃO (*diante de uma tenda, com sua mulher vestindo calças largas e um macaco fantasiado*):
Meus senhores, meus senhores!
Reparai na criatura
como Deus do céu a fez:
é coisa muito pequena,
é praticamente nada.
Meus senhores, meus senhores,
agora vede a cultura:
anda sobre os próprios pés,
usa calças e jaqueta
e traz até uma espada!
O macaco é militar;
ainda não é grande coisa,
mais baixo degrau da espécie.
Macaco, faça uma vênia!
Isso, agora mande um beijo.
(*O macaco toca sua corneta.*)
Vede, ele sabe tocar!
Sim, ele aos poucos melhora.
Aqui, nesta mesma praça,
vereis cavalos do Quênia
e passarinhos do Tejo,
favoritos das cabeças
coroadas da Europa.
Revelam tudo aos mortais:
idade, filhos, doenças.
Vinde, que vai começar!

ZÉ: Você gosta da conversa?

MARIA:
Por mim... Usam belas roupas.
As dele são federais

e as calças dela, imensas!
Parece espetacular.
(*Os dois entram na tenda.*)

TAMBOREIRO-MOR:
Pare! Você a viu?
Que mulher!

SUBOFICIAL:
Que diabo!
Feita para parir
batalhões de soldados!

TAMBOREIRO-MOR:
Boa para o fuzil
do Tamboreiro-mor.

SUBOFICIAL:
Traz a cabeça alta,
tem os cabelos pretos
que a puxam pra baixo
como um peso. E os olhos...

TAMBOREIRO-MOR:
Como o fundo de um poço
ou de uma chaminé.
Eu estou que não posso.
(*Seguem para o interior da tenda, recinto muito iluminado.*)

MARIA: Quanta luz!

ZÉ:
Pois é, Maria.
Gatos negros têm o dia
nos olhos. Que noite!

CHARLATÃO (*desfilando com um cavalo*):
Vamos, mostre seu talento!
A sua sabedoria!
Envergonhe a sociedade!
Esse animal que estais vendo,
o rabo por sobre as patas,
é mais que um simples jumento,
mais do que pareceria:
é sócio de uma entidade
de sábios! Bicho tremendo,
ele até redige as atas!
Professor da academia,
e com ele os estudantes
aprendem a cavalgar
e a usar o chicote.
É um animal doutor!
Um asno que saberia
agir, por alguns instantes,
não com instinto vulgar
mas tendo a razão por mote.
Dupla razão, sim senhor!
(*ao animal*)
Pense com dupla razão!
O que você faz ao pensar
com a razão vezes dois?
Há um burro entre os doutores?
(*O cavalo sacode a cabeça.*)
Estais vendo, acompanhando?
Não é um animal, não.
Capaz de raciocinar.
Vamos ver o que depois,
meus senhores, meus senhores,
esse bicho ser humano
inda irá nos exibir...
Um ser humano animal,
uma pessoa, de fato;

ainda assim é um jegue,
uma besta, um pedro-bó.
Vinde, vinde ver e rir.
(*O cavalo comporta-se mal.*)
Isso, envergonhe, imoral,
és um homem ou um rato?
Esse animal não consegue
ser mais do que areia e pó.
Você foi feito de areia,
de pó, de areia e lodo.
Quer ser mais do que a matéria
de que foi feito, afinal?
Senhores, tenhamos dó!
Não é tão ruim da ideia,
não é insano de todo,
sabe da própria miséria.
Um ser humano animal:
faz contas como um doutor
sem poder contar nos dedos.
Ser humano transmutado,
nos diga, que horas são?
Quem de vós tem um relógio?
Um relógio, por favor!

SUBOFICIAL: Um relógio?
(*Com gesto grandiloquente, puxa um relógio do bolso.*)

CHARLATÃO (*enfático*)**:** Aqui o temos!

MARIA:
Ser humano transmutado?
Vai dizer que horas são?
(*Passa para a primeira fila, ajudada pelo Suboficial.*)

TAMBOREIRO-MOR (*referindo-se a Maria*)**:**
Que negócio, que negócio
para o Tamboreiro-mor.

6

Quarto de Maria

(*Maria e o Tamboreiro-mor*)

TAMBOREIRO-MOR: Maria!

MARIA (*olhando-o, expressiva*):
Dê uma volta!
Peito de touro, barba de leão!
Como eu estou orgulhosa!
Não há ninguém igual a você, não.

TAMBOREIRO-MOR:
Tem de me ver no desfile,
com pluma no chapéu e luva clara,
que diabo! "Esse cara
é um homem", é o que diz o Príncipe.

MARIA (*zombeteira*):
Não diga! (*Aproxima-se dele.*) Ah, é um homem!

TAMBOREIRO-MOR:
E você também é uma mulher!
Vem, vamos matar a fome.
Uma criação de soldados, quer?

MARIA (*aborrecida*): Me deixe!

TAMBOREIRO-MOR: Mulher selvagem!

MARIA (*violenta*): E olhe que se você me tocar...

TAMBOREIRO-MOR: Tem o demônio no olhar.

MARIA:

Pode ser.

(*Afrouxa a resistência; faz menção de ceder.*)

Sempre a mesma sacanagem.

Pátio na casa do Médico

(Estudantes e Zé acham-se no térreo;
o Médico olha da janela do sótão.
Tem um gato nos braços.)

MÉDICO:

Senhores, aqui me encontro no teto
como Davi quando viu Betsabá;
mas só vejo as calcinhas das meninas
soltas ao vento, do lado de lá.
Vamos tratar do sujeito e do objeto,
problema realmente relevante.

(*didático*)

Se tomarmos o objeto e seus arranjos,
nos quais se manifesta, altissonante,
a própria voz de Deus e de seus santos
nas relações espaço-temporais...

(*prático*)

Meus senhores, tomemos este gato:
perante as forças gravitacionais,
como irá o felino comportar-se,
como reagirá, se mal o sinto
e atiro o infeliz janela abaixo?
Tendo em vista, é claro, o seu instinto...

José! Ei, José!
(*Joga o gato.*)

ZÉ (*que ampara o gato na queda*)**:** Ele está mordendo!

MÉDICO:
Segura o animal suavemente
como se sustentasse a própria avó.
(*Desce.*)

ZÉ: Doutor, estou tremendo. Estou doente...

MÉDICO (*contente*)**:**
Ora essa, que bom, meu bom José.
(*Esfrega as mãos; segura o gato.*)
Meus senhores, o que temos aqui?
Novo exemplar, com patas de coelho,
cria de lebre e de jaguatirica...
(*Puxa uma lente, o gato foge correndo.*)
Ah, felino sem instinto científico...
Em seu lugar, eis aí outra coisa:
José só come ervilhas há três meses.
Notem a consequência: monstruosa!

ZÉ: Doutor, estou que vejo tudo escuro!
(*Senta-se.*)

MÉDICO:
Coragem, Zé, mais um pouco, acabou.
Tomem-lhe o pulso, examinem os olhos!
(*Os estudantes lhe apalpam a fronte, o pulso, o peito.*)
Mexa as orelhas, Zé, faça seu show.
Há muito que desejo lhes mostrar:
possui dois músculos desenvolvidos.
Vamos ver agora...

ZÉ: Ora, doutor.

MÉDICO:

O que há de errado com os seus ouvidos?
Essa é, por acaso, a forma honesta
de se portar? Agir pior que o gato?

(*Aponta Zé aos estudantes com um gesto amplo.*)

Olhem: a metamorfose do burro.
Vejam: a transubstanciação do rato.
Frequentemente também consequência
das teias de aranha nas virilhas.
Homem assim não pode ser viril.
Senhores, é o que dá comer ervilhas.

8

Quarto de Maria

(*Sentada, a criança no colo, um caco de espelho na mão. Tem um par de brincos cintilantes, que experimenta. Fala consigo mesma e com o filho, alternadamente.*)

MARIA:

Um homem mandou o outro embora!
(*Olha-se no pedaço de espelho.*)
As pedras que brilham! Pedras lindas...
Falou que elas eram... (*ao Menino*) Mas agora
de olhos fechados, que o papão...
(*A criança esconde os olhos com as mãos.*)
Agora! Fechados, mais ainda!
E fique quietinho, pois senão...
(*Cantarola murmurando, boca fechada, a* Canção de Maria.)
É ouro, mas com certeza.
Será que me fica bem
no baile? Será que não?
Gente como eu, sem vintém,
que mal vale o quanto pesa,
o espelho achado no chão...
Mas tenho os lábios vermelhos
feito os das grandes madames

com seus homens tão bonitos,
faniquitos e vexames.
A alegria dos espelhos...
Mundo engraçado, esquisito.
Apenas uma mulher.
(*O Menino levanta-se.*)
Hoje não tenho sossego...
(*ao Menino*)
Lá vem o monstro das neves...
Feche os olhos! Ah, não quer?
(*Lança reflexos com o caco de espelho.*)
O monstro olha pra eles
e deixa o menino cego...
(*Zé entra, atrás dela. Maria se assusta, pondo as mãos nas orelhas, escondendo os brincos.*)

ZÉ: O que é que há com você?

MARIA: Nada.

ZÉ: Mas brilham seus dedos.

MARIA: Foram brincos que encontrei.

ZÉ:
E eu, que nunca topei
nem moeda de tostão?

MARIA: Mas eu não sou você, não.

ZÉ:
Está bem, Maria. O menino
está dormindo, apertado
na cadeira. Que destino:
transpira, o pobre coitado.
Só trabalho sob o sol:

exausto, de fome ou medo.
Veja que empapa o lençol,
já se cansa desde cedo.
(*Muda de tom.*)
Aqui está o ordenado,
Maria, que vem somado
à gorjeta do Capitão.

MARIA: Que Deus lhe pague, José.

ZÉ:
Eu tenho de ir, então.
Mas volto depois, Maria.
Até.

MARIA (*sozinha, depois de uma pausa*):
Sou ruim, não é?
Será que eu me mataria?
Ora, que diabo querem
os homens e as mulheres?

6

Rua

(*O Capitão e o Médico. Arquejando,*
o Capitão desce a rua; para.)

CAPITÃO: Como corre, Prego de Caixão!

MÉDICO: Aonde vai, Ordem e Progresso?

CAPITÃO: Assim, morre do coração.

MÉDICO:
Eu não roubo tempo, me apresso.
(*Retoma o passo, o Capitão o segue.*)

CAPITÃO:
Se apressa para a sepultura?
Rema no ar com a bengala?
Um homem de consciência pura,
mas não se esforça em evitá-la?
Um homem de bem... (*Aspira o ar sofregamente.*)
Ah, doutor,
deixe que o salve, por favor.

MÉDICO: Estou com pressa, Capitão!

CAPITÃO:

Assim vai gastar suas pernas
e abrir um buraco no chão.
Mas nem as pedras são eternas.

MÉDICO:

Em um mês ela vai morrer,
a pobrezinha da mulher.
Já vi pacientes iguais.
Mas uma a menos ou a mais...

CAPITÃO:

Doutor, eu sou tão melancólico,
eu, sim, tenho as minhas paixões.
Quase choro ao ver um relógio;
rio à toa, por dois tostões.

MÉDICO:

Cheio, gordo, obeso e tal,
uma constituição crítica.
O senhor poderá ser vítima
de uma ziquizira fatal.
Mas talvez fique paralítico
apenas de um lado, afinal.
Ou talvez paralelepípedo
da ideia, como um vegetal.
Esta é a sua perspectiva
nas próximas quatro semanas:
os lábios parados, bacanas,
a língua enrolada, inativa.
A medicina não se engana:
para morrer, apenas viva.

CAPITÃO:

Senhor doutor, não me apavore.
Há gente que morre de espanto

só por ouvir o *never more*.
Já vejo o velório, e o tanto
de fariseus a murmurar:
"Bom homem e bom militar!"

MÉDICO (*tira o chapéu do Capitão; segura o chapéu diante dele*):
O que é isto, senhor Capitão?
Um crânio oco, ou senão...

CAPITÃO:
O que é isto, senhor doutor?
Prego de Caixão, por favor...
(*Toma seu chapéu de volta.*)
Mas nada desejo de mal,
sou um homem bom, legal.
Pelo menos quando quero...
(*Entra Zé e tenta passar correndo entre o Capitão e o Médico; eles o detêm.*)
Ora, que pressa, José!
Correndo como as navalhas
abertas entre os canalhas!
Assim pode até cortar
um médico e um militar.
Correndo como se tivesse
que barbear os cadetes.
Mas, além das longas barbas,
o que é que eu ia falar?

MÉDICO:
Já Plínio dizia mister
fazer a barba ao exército.

CAPITÃO:
E falando em longas barbas...
Como é, já pôde encontrar
um fio de barba no prato?

Está entendendo o que digo?
Fio de barba, um perigo,
de um homem, um sapador,
talvez de um suboficial
ou ainda, e nada mal,
de um tamboreiro-mor?
Hein, Zé? Tem mulher decente.
Não é como toda gente.

ZÉ: Sim, senhor, que quer dizer?

CAPITÃO:
Mas que cara sem prazer!
Talvez não venha na sopa,
quem sabe o fio de barba
venha grudado na roupa,
ou talvez vá encontrar
o fio agarrado aos lábios.
Uns são tolos. Outros, sábios.
Também já senti o amor,
Zé. Meu Deus, ficou pior!

ZÉ:
Senhor Capitão, eu sou
somente um pobre coitado.
Estou aqui onde estou,
mas se o senhor Capitão
começar com zombaria...

CAPITÃO:
Zombaria, eu? Eu não,
de você, não zombaria!

MÉDICO:
O pulso, José, o pulso!
Rápido, correndo aos pulos,
aos saltos, irregular.

ZÉ:

Se algum dia visitar
o inferno... O mundo é claro
como o inferno. Estou gelado,
gelado, seu Capitão.
Impossível, gente, não!

CAPITÃO:

Você quer... levar um tiro?
Duas balas na cabeça?
Você me vira vampiro,
me apunhala e, ora essa,
eu só lhe desejo o bem.
Porque você é um homem
bom; sim, você é alguém.

MÉDICO:

O sangue do rosto some,
os músculos tesos, hirsutos.
Comportamento excitado.

ZÉ: Dez minutos...

CAPITÃO: Vai, soldado?

ZÉ:

Possível. Muito possível.
Os homens! Tudo é possível.
O tempo está bom, Capitão.
Nesse céu bonito, então,
dá vontade de enfiar
um gancho, e nele uma corda,
para a gente se enforcar.
Só por causa do tracinho
entre o sim e outra coisa,
sim ou não, sim ou sozinho.

Senhor Capitão, sim e não?
O não é culpado do sim,
o sim culpado do não?
Tenho de pensar, enfim.
(*Com passos largos, primeiro lentos e depois rápidos, afasta-se.*)

MÉDICO (*que corre atrás dele*):
Um fenômeno! José!
Dou aumento, a mão, o pé!

CAPITÃO:
Que rapidez! Esse alto
corre depressa no asfalto,
sombra que some das pernas
de uma aranha, e sobre as pedras
o baixo vai atrás dele,
quase pele contra pele.
(*Ri.*)
Grotesco! Grotesco! Sempre
um atrás do outro, sempre.
Nem ao menos é decente.
O homem de bem é prudente
e nunca foi corajoso.
Os patifes é que são!
Vou à guerra e, virtuoso,
volto frouxo, vivo e são.

10

Quarto de Maria

(*Maria e Zé*)

MARIA: Bom dia, José.

ZÉ (*contemplando-a*):
Ah, é você? É!
A gente não vê
nada.

MARIA:
Tenho medo.
Está esquisito.

JOSÉ (*olha-a fixamente, balança a cabeça*):
Eu não acredito.
A gente não vê
nada, nada, não.
Mas devia ver,
devia poder
tocar com a mão.

MARIA:
O que foi, José?
Está com o cérebro
mal!

ZÉ:

Que bela rua.
De a gente andar
até cansar.
Bela, sob a lua.
Também de dia,
se há companhia.

MARIA: Mas que companhia?

ZÉ:

Muita gente passa,
alguém nos agrada.
Mas e eu com isso?
Eu nada com isso!
Ele estava lá?
Aqui? Ali? Lá?
E junto a você?
Assim? E por quê?
Mas eu gostaria
de ter sido ele.
(*mais baixo*)
Pele contra pele
com você, Maria.

MARIA:

E posso impedir
que as pessoas andem
na rua, a seguir
de lá para cá?
Daí que elas falem,
que riam, que dancem?

ZÉ:

Nem deixar os lábios
bonitos em casa.

Nem fechar a asa,
nem ouvir os sábios.

MARIA:
Que bicho o mordeu?
Tem modos aflitos,
assim como o cão
que enxota os insetos.
Você, José, não...

ZÉ (*cortando*)**:**
Lábios tão bonitos,
tão gordos e cheios...
Mas fedem a ponto
de expulsar os anjos
do céu com seu cheiro.
Sua boca é vermelha,
Maria. Vermelha.
Você é mais bela
que o melhor pecado.
Como é que o pecado
pode ser tão belo?

MARIA: Você, amarelo.

ZÉ:
Ele estava aqui?
Era assim? Aqui?

MARIA:
Ora, enquanto o dia
passava, seria
possível pessoas
estarem à toa,
não é? Por aí.

ZÉ: Mas eu vi!

MARIA:

Gente pode olhar
muito com dois olhos,
se bisbilhotar
e abrir os olhos.

ZÉ: Mulher!
(*Lança-se sobre ela.*)

MARIA:

Não encoste em mim!
Prefiro saber
que você morreu
a ver sua mão
no corpo que é meu.
Jamais apanhei
sequer de meu pai.
Não ousava, não.
E agora sai.

ZÉ:

Mulher! Cada homem
carrega um abismo.
Se olharmos o abismo
ficaremos tontos.
Mas que seja assim,
a própria inocência.
Está bem para mim:
se mostre, inocência.
(*Sai.*)

11

Posto de guarda

(*Zé e André*)

ANDRÉ (*cantando. A música é a* Canção de Maria)**:**
Maria, teu homem foi embora.
Com cria de colo e tão sozinha,
menina, que vais fazer agora...

ZÉ: André!

ANDRÉ: Que é?

ZÉ: Belo tempo.

ANDRÉ:
Tempo de domingo.
Música na cidade. As mulheres
usam os seus melhores vestidos.
Os homens vão atrás, aos milhares.

ZÉ (*intranquilo*)**:** Dance, dance!

ANDRÉ: Mas dance também...
(*Canta outro trecho da* Canção de Maria, *começando do ponto onde parou. Zé não se move.*)

ZÉ: André, não tenho paz.

ANDRÉ: Tolo.

ZÉ:

Estou que não me consolo.
Que mãos quentes eles têm!
Diabo, André!

ANDRÉ:

Eles, quem?

(*Zé não responde.*)

Gosta de sofrer. Por causa
daquele tal? Do sujeito?
Sofrer por amor à calça?

ZÉ: Tenho de sair, não sei.

12

Taberna

*(As janelas abertas, bancos diante da casa.
Rapazes e moças, música e dança. A melodia pode
ser a de* A Profissão de Cátia, *sem letra.
A canção reaparecerá mais tarde.)*

1º APRENDIZ DE TRABALHOS MANUAIS:
Bebo um litro, mas não perco a linha.
Minha alma fede a aguardente...

2º APRENDIZ:
Meu irmão, quer que lhe arranque um dente?
Vamos! Quer que lhe faça um buraco?
Eu também sou homem, tenho saco
e vou lhe mandar para a mamãezinha.

1º APRENDIZ:
Minha alma fede intensamente.
Até mesmo o dinheiro apodrece!
O mundo é bonito – ou parece,
mas vou chorar um Paranoá!
Ah, se as narinas fossem garrafas,
eu faria estoques de aguardente...

(As últimas palavras tornam-se quase inaudíveis devido ao burburinho. Em cena, também está André, que dança entre os casais. Segundos depois, Zé aparece

à janela. Maria e o Tamboreiro-mor passam por ele abraçados, dançando, sem notá-lo.)

ZÉ: Ele! Ela! Dois demônios!

MARIA: Mais, mais...

ZÉ (*sufocando*):
Mais... Mais...
(*Levanta-se bruscamente e depois relaxa o corpo no banco.*)
Mais, mais! Sonhos
ruins! E Deus não apaga
o sol com um sopro de água,
não roda tudo em desordem,
humanos e animais!
Ah, em plena luz do dia,
como insetos sobre a luz!
Ah, ela é quente, a Maria!
(*Ergue-se num salto.*)
E pede mais, mais, mais, mais...
Esse sujeito a atrai
assim como eu, no começo.
Esse palhaço a seduz.
(*Atordoado, torna a se encolher.*)

1º APRENDIZ (*grogue, fazendo uma prédica sobre a mesa*):
Vejamos: um viajante
meditando sobre o tempo
que perguntasse a si mesmo,
olhos voltados a Deus:
céus, por que o homem é?
Pois vos digo neste instante:
que seria do sargento
ou do próprio camponês,

do nobre e dos zebedeus,
ah, homens de pouca fé,
se Deus, além das estrelas,
não houvesse criado o homem
com as coisas que o consomem,
suas múltiplas mazelas?
Se não houvesse a vergonha,
que seria do alfaiate?
Para que haver soldados,
sem a sanha de matar?
Por isso, não duvideis...
Sim, há o amor que sonha,
a fineza, a piedade,
mas nós somos desgraçados,
não se pode duvidar.
Até os ricos e os reis!
Agora, caros fiéis,
urinemos sobre a cruz,
mijemos sobre Jesus.
Vamos, sejamos cruéis!

(*Ao som da algazarra geral, Zé acorda e sai correndo.*)

13

Campo aberto

ZÉ:

Mais! Mais! Silêncio, música.
(*Estira-se no chão.*)
Hein, o que estão dizendo?
Mais alto, gritam, escuta:
ou será só o vento?
Diz: apunhale a loba!
Será que devo? Devo?
Sempre e sempre, apunhale
a loba, será que devo?

14

Taberna

(*Tamboreiro-mor e Zé; gente.*)

TAMBOREIRO-MOR:

Sou homem! (*Bate no peito.*) Estou dizendo:
sou macho!
Por acaso algum de vocês tem dúvida?
Que diga na minha frente, palhaço!
Venha que o nariz vai parar no cu.

(*a Zé*)

Vamos, rapaz, beba. Quem dera o mundo
fosse aguardente, mares de aguardente...
Devemos beber!

(*Zé assobia.*)

TAMBOREIRO-MOR:

Ah, não quer assunto?
Quer que lhe arranque seus trinta e dois dentes,
que lhe corte a língua e enrole no corpo?

(*Estão frente a frente. Lutam. Zé perde a parada.*)

TAMBOREIRO-MOR:

Ah, quer que lhe deixe um resto de fôlego?

(*Zé senta-se, esgotado e trêmulo.*)

TAMBOREIRO-MOR:

Que assobie até morrer. Aguardente,
minha vida, meu esporte.

UMA MULHER: O homem é mesmo forte.

ANDRÉ: Sangrando?

ZÉ: Naturalmente.

15

Quarto na caserna

(*Noite. André e Zé dividem uma cama.*)

ZÉ (*sacode André*)**:**
André! André! Não consigo dormir!
Quando fecho os olhos, tudo girando...
Fico ouvindo violinos sibilando
e uma voz, teimosa, a me perseguir.

ANDRÉ:
É... Deixe que eles dancem!
Vamos dormir, e amém.

ZÉ:
E a voz diz: apunhale, apunhale.
Passa entre meus olhos como um punhal.

ANDRÉ: Mas vê se dorme, José.
(*Torna a adormecer.*)

ZÉ: Você não ouve e não vê.

16

Pátio na caserna

(*André e Zé*)

ZÉ: E você não ouviu nada?

ANDRÉ: Está lá, com a rapaziada.

ZÉ: Ele disse alguma coisa?

ANDRÉ:
Mas de que tipo? Que coisa?
Como é que vou dizer?
Disse que teve prazer
com ela: "Mulher gostosa!"
É com ele que ela goza
e é dele que ela gosta,
mostrou as olheiras roxas,
nos propôs fazer aposta,
elogiou suas coxas,
falou um baita de um texto,
tal e coisa e todo o resto.

ZÉ (*depois de uma pausa*):
Então ele disse isso?
Hoje sonhei com punhal.

Sim, foi um sonho mau,
foi promessa ou compromisso.

ANDRÉ: Para onde, companheiro?

ZÉ:

De volta à nossa rotina,
vinho para o Capitão.
Mas, meu amigo, a menina
vive no meu coração.

ANDRÉ: Quem?

ZÉ: Ninguém. Adeus.

ANDRÉ: Adeus.

17

Quarto de Maria

(*Maria, seu filho e Carlos, o idiota*)

MARIA (*folheando a Bíblia*):
"E a mentira não nasceu
de sua boca." E eu?
Meu Deus, não olhes pra mim!
"Os fariseus a trouxeram,
culpada de adultério.
E lá estava a mulher
diante de Jesus, enfim.
Jesus não quis condená-la:
parte e não torna a pecar,
foram as suas palavras."
Foi assim. Mas Deus, e eu?
Responde, meu Deus do céu!
Dá-me bastante paz
para rezar. Olha meu filho,
olha por esse menino,
pedaço de mim, meu filho,
que se torne um bom rapaz.
"Jesus não quis condená-la:
parte e não torna a pecar,
foram as suas palavras."
Carlos!

CARLOS (*deitado, agitando os dedos, conta histórias ao Menino*):

Conhece o rei?
Tem coroa e tem a lei.
Chouriço disse ao patê:
ah, vem cá, meu bem, qual é?

(*Aperta a criança e se cala.*)

MARIA:

O José não veio.
Nem ontem, nem hoje.
Está ficando feio!
Será que ele foge?

(*Abre a janela. Lê novamente.*)

"E ela entrou, lançando-se a seus pés.
Chorando passou a molhar seus pés
com as lágrimas, e a enxugá-los
com os cabelos de sua cabeça.
E cobriu seus pés, depois de beijá-los."

(*Bate no peito.*)

Tudo morto! Meu Salvador!
Meu Salvador, dessa vez
também quero cobrir teus pés!...

18

Belchior

(*Zé e o Judeu*)

ZÉ: A pistolinha é cara demais.

JUDEU: Como é, vai ou não vai comprar?

ZÉ: Qual é o preço dos punhais?

JUDEU:
Afiadinhos. Quer cortar
o pescoço? Mas o que é?
Não vendo mais caro que os outros.
O senhor terá morte de fé,
mesmo que demore um pouco.
Vai ter uma morte batata,
mesmo que não seja de graça.

ZÉ: A faca corta mais que pão...

JUDEU: São dois vinténs. É sim ou não?

ZÉ: Aqui!
(*Paga e se afasta.*)

JUDEU:

Como se não fosse nada!
Quer ter uma morte barata
e afinal sou eu que morro.
No entanto, é dinheiro... Cachorro!

19

Caserna

(André. Zé remexe suas coisas.)

ZÉ:

Pode usar a camiseta.
A cruz é de minha irmã.
Há também um anelzinho.
Tenho também um santinho,
a medalhinha já preta
e dois Sagrados Corações
que olhava toda manhã.
Mamãe guardava na Bíblia
as bugigangas e lia:
"Faz de meu corpo o espelho
desse teu corpo vermelho,
crucificado". Família...
Hoje mamãe tem apenas
o sol sobre a laje fria.
Não tem importância.

ANDRÉ: Não...

ZÉ:

José da Silva ou de Souza,
miliciano, fuzileiro

do Segundo Regimento,
do Segundo Batalhão
e da Quarta Companhia.
Não sou mesmo grande coisa.
Nascido a 20 de julho,
na Anunciação de Maria.
Hoje tenho doze dias,
sete meses, trinta anos.
Mas conservo meu orgulho.

ANDRÉ:

Vão levá-lo ao hospital.
E lá você beberá
a aguardente com pólvora.
Só assim a febre para.

ZÉ:

André, quando o carpinteiro
chega ao fim de um dia inteiro
de trabalho, ninguém sabe
se seu corpo, dentro, cabe.

20

Rua

(Maria com a Menina diante da porta de casa, Avó, Crianças; mais tarde, Zé. A Menina canta a Canção da Criança.)

MENINA (*cantando*)**:**

Abre o sol as suas candeias
Brota o trigo amigo nas serras
Longe passam vários casais
Flautas sopram tons naturais

Brilha o sol com suas lanternas
Brota o trigo amigo nas mesas
Fora bailam belos casais
Flautas flávias, dons naturais

Rasgar o véu
Que sobre o ventre
Nos cobre o céu
E bem mais leves...

PRIMEIRA CRIANÇA (*cortando a canção, que cessa*)**:** Não é bonito.

SEGUNDA CRIANÇA: Quer outra coisa?

PRIMEIRA CRIANÇA (*a Maria*)**:** Cante você.

MARIA: Não posso.

PRIMEIRA CRIANÇA: Por quê?

MARIA (*sem fazer sentido*)**:** Por isso.

SEGUNDA CRIANÇA: Por que, por isso?

TERCEIRA CRIANÇA (*à Avó*)**:** Conte uma história!

AVÓ:
Venham ouvir história de gente!
(*As Crianças se acomodam e fazem silêncio.*)
Era uma vez um menino pobre
que não tinha pai nem mãe, carente.
Tudo estava morto e não havia
ninguém mais no mundo, tudo morto.
Ele procurava noite e dia.
Já que não havia ninguém mais,
quis ir para o céu, brilhava a lua.
Mas a lua, abandonado cais.
Então ele foi para o sol. Lá
viu que o sol era um girassol murcho;
mas o menino não descansava.
Quando ele então chegou às estrelas,
viu que eram apenas mariposas
fixadas no céu, nem eram belas.
E ele continuava sozinho.
Então se sentou e chorou. Hoje
continua a chorar, sozinho.

ZÉ: Maria!

MARIA (*apreensiva*)**:** Que é?

ZÉ:

Cheguei.
Vamos indo.

MARIA: Para onde?

ZÉ: E eu sei?

21

Caminho na floresta, junto ao rio

(*Maria e Zé*)

MARIA: A cidade ao longe, tudo escuro.

ZÉ: Mas venha cá, vamos demorar.

MARIA: Já é tarde, tenho de ir, juro.

ZÉ: Só não vá ferir os pés de andar.

MARIA: Como você está esquisito!

ZÉ: Sabe quando foi? Tente lembrar.

MARIA: Já faz dois anos. Foi bonito.

ZÉ: E sabe quanto tempo inda vai ser?

MARIA: Tenho de ir, fazer o jantar.

ZÉ:

Está com frio, Maria?
E ainda assim é quente.
Como seus lábios são quentes!

Aprendeu na putaria?
E mesmo assim eu daria
o céu pra poder beijá-los
novamente, novamente.
Nós, quando estamos gelados,
já não sentimos o frio.
Você não vai sentir frio
quando cair o orvalho.

MARIA: Você pode falar claro?

ZÉ: Não estou dizendo nada.
(*Ficam em silêncio por alguns instantes.*)

MARIA: A luz da lua no rio!

ZÉ: Lua de sangue no céu.

MARIA:
Você diz que não é nada?
Tem a cara transtornada.
(*Ele ergue o punhal.*)
José, pelo amor de Deus!
Socorro, meu Deus do céu!

ZÉ (*ele a esfaqueia*)**:**
Tome isso, isso, isso!
Vai dizer que não dói nada?
Não sabe morrer calada?
Não pode dormir tranquila?
Ah, ela ainda vacila!
Tem a cara transtornada...
E a grande boca, pálida.
(*Apunhala-a mais uma vez.*)
Afinal, você morreu?
Morta, morta, assassinada!
(*Deixa cair o punhal e corre.*)

22

Quarto de Maria

(*Carlos, o Menino e Zé*)

CARLOS (*com o Menino em seu colo*)**:** Ele caiu na água, ele caiu na água.

ZÉ: Menino! Cristiano!

CARLOS (*olha-o fixamente*)**:** Ele caiu na água.

ZÉ (*quer acariciar Cristiano; este se esquiva e grita. Zé se espanta*)**:** Meu Deus!

CARLOS: Ele caiu na água!

ZÉ:

Cristiano,
vou lhe dar uma enxada, da, da, da!
(*A criança se defende; Zé passa uma moeda a Carlos.*)
Compre uma enxada para ele, tá?
(*Carlos olha-o fixamente.*)
Upa, upa, cavalinho!

CARLOS (*exultante*)**:** Upa, upa, cavalinho! Cavalinho! (*Sai correndo com o Menino.*)

23

Taberna

(Zé, Cátia, Taberneiro, Bufão e outros)

ZÉ:

Dancem todos, dancem sempre,
apodreçam, pois um dia
ele virá resgatá-los.
Ele disse que viria...

(Zé agora canta, em diálogo com Cátia, a música A Profissão de Cátia.*)*

ZÉ *(cantando)***:**

Minha filha, pobre filha,
que ventos destemperados
a entregaram à matilha
de cocheiros e soldados?

CÁTIA:

Eu não quero ser escrava
na copa de algum doutor,
onde a louça que se lava
não me paga meu suor,
onde a cova que se cava
não vale o viver de amor!

Por moedas não me dava,
mas dando me dou melhor.
Por moedas não me dava,
mas dando me dou melhor.

ZÉ:

Minha doce, pobre filha,
que caminhos malsinados
lhe trocaram a família
por braços embriagados?

CÁTIA:

Eu não quero ser a moça
da roça de algum senhor,
onde a lavra não é nossa
e é pobre a própria dor,
onde a terra e onde a choça
pertencem a seu major!
Poderia estar na roça,
mas dando me dou melhor.
Eu larguei a vida insossa,
que dando me dou melhor,
dando me dou melhor,
dando me dou melhor!

(*A canção pode se repetir. A música termina, sentam-se.*)

ZÉ:

Vamos lá, Cátia, senta!
Está fazendo calor...
Já se sabe de cor:
o diabo traz uma
e nos leva quarenta.
Sabe, você é quente,
Cátia, por que será?
Mas também vai gelar.
Ora, tenha juízo,
Cátia, seja prudente.

CÁTIA:

Não quero pechinchar,
nem quero roupa velha.
Tenho a boca vermelha,
não tenho? E então?
Vamos negociar?

ZÉ:

Chega dessa conversa.
Podemos ver o inferno
sem vestido nem terno.

CÁTIA:

José, que indelicado!
Durmo só, ora essa.

ZÉ:

É melhor, isso mesmo.
Eu não quero ver sangue.

CÁTIA: Mas e isso na mão?

ZÉ: Eu?

CÁTIA:

É! Vermelho, sangue!
Sangue na mão, vermelho!

ZÉ: Sangue? Onde?

TABERNEIRO (*incisivo*)**:** Responde.

ZÉ:

Acho que me cortei
aqui, na mão direita.

TABERNEIRO: Mas e seu cotovelo?

ZÉ: Eu limpei com a mão...

TABERNEIRO:
...direita o cotovelo
direito? Muito hábil.

CARLOS (*com a malícia dos alienados*):
E então disse o sábio:
estou sentindo cheiro
não de carneiro, de gente.
Ih, o negócio é feio!

ZÉ:
O que é que vocês querem?
O que é que têm com isso?
Me deixem passar, senão...
Acham que matei alguém?
Acham que sou assassino?
E por que é que estão rindo?
Por que não olham também
a própria cara no espelho?
Me deixem passar!

24

Caminho na floresta, junto ao rio

(*Zé está só.*)

ZÉ:

O punhal, onde está o punhal?
Deixei aqui, vai me condenar.
Foi mais perto, foi noutro local?
Eu, que não me lembro do lugar.
Algo se move, estou escutando.
Silêncio... Aqui perto, Maria?
Ah, Maria! Silêncio. Mas quando?
Mas por que tão pálida, Maria?
Que fita vermelha no pescoço!
Quem lhe deu a fita dos pecados?
E com quem você se deita? Posso
perguntar se consegui lavá-los?
Cabelos pretos desalinhados,
não teceu as suas tranças hoje?
Há alguma coisa desse lado...
Fria, molhada, como é que pode?
O punhal, o punhal! Já achei!

(*Corre até a água.*)

Pois então, pois então, para o fundo!

(*Joga o punhal no rio.*)

Na água escura, longe da lei.

Lua, lâmina de sangue... O mundo
todo, será que vai comentar?
Não, é longe demais do local
onde tomam banho. Para lá!
(*Entra no rio, reencontra o punhal e o atira longe.*)
Mas e no verão, quando é normal
mergulharem em busca de conchas?
Ninguém poderá reconhecer,
vai enferrujar por entre as ondas.
Será que ainda podem perceber,
será que ainda estou ensanguentado?
Eu tenho de me lavar das manchas...
O punhal! Devia ter quebrado.
(*Entra na água. Momentos depois, passam duas pessoas.*)

PRIMEIRA PESSOA: Pare!

SEGUNDA PESSOA: Você ouviu? Silêncio!... Ali!

PRIMEIRA: Ali, que som! É como se...

SEGUNDA:
Como se fosse a água a chamar:
faz tempo ninguém se afoga.
Vamos embora, que dá azar
ouvir a água!

PRIMEIRA:
De novo, agora! Um homem
morrendo?

SEGUNDA:
Terrível!
Tudo em sombra, as nuvens sob a lua,
os insetos parecem violinos
partidos. Vamos embora, vamos.

PRIMEIRA:

O som é claro demais, alto demais!
Lá em cima, vamos!

SEGUNDA:

Um homem morrendo... ou rindo?

(*Movem-se na direção dos sons estranhos.*)

25

Rua

(*Crianças*)

PRIMEIRA CRIANÇA: Vamos ver Maria, vamos embora.

SEGUNDA CRIANÇA: O que houve?

PRIMEIRA CRIANÇA:
Você não sabe? Todos
já foram para lá. Está lá fora.
Parece morta, dos pés à cabeça.

SEGUNDA CRIANÇA: Onde?

PRIMEIRA CRIANÇA:
Do lado esquerdo, ali no bosque,
bem perto da cruz vermelha. Depressa,
pra que ainda possamos vê-la hoje.

26

Na floresta, junto ao rio

(*Policial, Capitão e Médico estão diante do corpo de Maria, que pode permanecer invisível para o público.*)

POLICIAL:

Se não me engano, crime passional:
tantas facadas pedem um Otelo.
Um bom assassinato. Nada mal.
Um verdadeiro assassinato, e belo.
De fato, os vários golpes de punhal,
dados à pressa e sem sinal de zelo,
demonstram que não é profissional
o doido que entendeu de cometê-lo.
Um crime de amador, literalmente,
nos dois sentidos que a palavra tem:
a lâmina ordinária, sem mestria,
dilacerou a carne de Maria.
Mas quem não ama não mata assim tão bem...
Havemos de pegar o delinquente.

27

Final

(Voltamos, parcialmente, ao quadro da Cena 5. O Velho canta e a Criança dança ao som da sanfona. É o Tema do Fim. *Agora, no entanto, não se veem as luzes de feira, nem a tenda do Charlatão. Apenas o Velho toca e canta, enquanto a Criança dança. Luz somente sobre os dois. A figura alegórica da Criança se assemelha à do Menino, filho de Maria e Zé. A história propriamente dita se encerrou na cena anterior; temos neste momento uma espécie de adendo ou de epílogo.)*

VELHO (*cantando*):

No mundo não há consistência
Todos vamos morrer
Sabemos muito bem
Vamos morrer
Sabemos bem

No fundo não há consciência
Logo vamos passar
Fazemos muito bem
Vamos passar
Fazemos bem

(Luz desce em resistência, fechando o foco sobre o Velho e a Criança. O elenco soma suas vozes à do

Velho e à da Criança, em cânone: as várias vozes ou grupos vocais atacam a melodia em momentos distintos, sucessivamente, promovendo o enlevo musical adequado aos finais de espetáculo. Sugerimos que, dada a natureza dos eventos apresentados, a interpretação de Tema do Fim *se faça em tom reflexivo.*)

REFERÊNCIAS

O texto usado como base foi a tradução da peça de Georg Büchner feita por João Marschner e publicada pela Ediouro (*Woyzeck* e *Leonce e Lena*. Rio de Janeiro, Ediouro, 1989). Além de *Woyzeck* e da comédia *Leonce e Lena*, Büchner deixou ainda uma terceira peça teatral, o drama *A Morte de Danton* (Rio de Janeiro, Ediouro, 1988), traduzido por Mário da Silva. São todos textos em prosa. As citações relativas a *A morte de Danton*, dadas no artigo "Büchner, *Woyzeck*, *Zé*", procedem dessa edição. Existe tradução portuguesa do drama, feita por Maria Adélia Silva Melo e Jorge Silva Melo (Lisboa, Teatro Nacional D. Maria II/Bicho do Mato, 2012).

No *Caderno de Teatro Alemão*, nº 37 (Porto Alegre, Institutos Goethe do Brasil, 1982), encontram-se duas outras obras de Büchner (de quem ainda se conhecem cartas): a novela *Lenz*, vertida por grupo de tradutores do Instituto Goethe de Curitiba, coordenado por A. Rudolph; e o panfleto político *O Mensageiro de Hesse – Primeira Mensagem*, traduzido por Felicia B. Volkart. *Lenz* também está disponível em edição da Brasiliense, de 1985, em tradução de Irene Aron, texto de que retirei as citações utilizadas no artigo introdutório.

No mesmo ano em que foi lançada a primeira edição de *Zé*, pela Perspectiva, apareceu a tradução de *Woyzeck* devida a Tercio Redondo (São Paulo, Hedra, 2003). No ano seguinte, J. Guinsburg e Ingrid D. Koudela publicaram sua tradução da obra integral do autor em *Büchner na Pena e na Cena* – o panfleto, a novela e as peças, além dos esboços de *Woyzeck* e *Leonce e Lena* e de uma seleção das cartas (São Paulo, Perspectiva, 2004).

Textos de referência foram, entre outros, "Büchner", artigo que figura no livro *Teatro Moderno*, de Anatol Rosenfeld (2. ed., São Paulo, Perspectiva, 1985); "Woyzeck, Büchner e a Condição Humana", que consta de *O Texto no Teatro*, livro de Sábato Magaldi (São Paulo, Perspectiva, 1989), e "Büchner, Homem e Autor", texto extraído de *O Trágico na Obra de Georg Büchner*, de Erwin T. Rosenthal (Assis, SP, Faculdade de Filosofia, Ciências e Letras, 1961), e republicado em *Cadernos de Teatro*, nº 93 (Rio de Janeiro, O Tablado, abril-junho, 1982).

O ensaio de Elias Canetti, "Georg Büchner", publicado em *A Consciência das Palavras* (São Paulo, Companhia das Letras, 1990), e o de Joseph L. Lockett, "As Good a Murder as You'd Ever Want to See", este disponível na internet, também merecem leitura. A ópera *Wozzeck* (o título tem essa grafia), de Alban Berg, e o filme *Woyzeck*, de Werner Herzog, com Klaus Kinski no papel do soldado, são eloquentes abordagens da peça de Büchner.

Para a revisão do texto, vali-me de *Georg Büchner e a Modernidade*, livro de Irene Aron (São Paulo, Annablume, 1993). Além de estudar em detalhe *A Morte de Danton* e *Woyzeck*, a autora traduziu vários trechos das peças diretamente do alemão, o que me possibilitou cotejar suas soluções para *Woyzeck* com as de João Marschner.

Há dúvidas quanto à exata ordem das cenas, segundo a disposição que Büchner teria dado a elas – o autor deixou quatro manuscritos inacabados do texto, conforme lembra Fernando Peixoto, autor de *Georg Büchner – A Dramaturgia do Terror* (São Paulo, Brasiliense, 1983). Segui a ordem adotada por Marschner, que difere da apresentada por Irene Aron com base nas obras completas de Büchner, editadas por Werner R. Lehmann (Hamburgo, Christian Wegner, vol. I, 1967, vol. II, 1971). Existem várias edições da peça (a primeira delas é de 1879, quando se reuniram as obras completas), o que pode explicar as diferentes versões.

Depois de terminada a primeira redação do trabalho, em janeiro de 1999, tive acesso a uma segunda tradução integral de *Woyzeck*, feita por Mário da Silva, em cópia cedida pelo ensaísta e professor Eudinyr Fraga. De novo, há diferenças na ordem das cenas e em detalhes do texto com relação ao trabalho de Marschner. A peça foi rebatizada como *Lua de Sangue*, tendo sido encenada por Ziembinski em 1948, no Rio de Janeiro, quando se dá a estreia do texto no Brasil, com Maria Della Costa no papel de Maria e o próprio diretor no papel de Woyzeck.

Pude ler também a tradução de Christine Röhrig (que deu base a *Woyzeck, o Brasileiro*, texto de Fernando Bonassi e Matheus Nachtergaele, encenado por Cibele Forjaz em 2002), inédita em livro. Para a última revisão em 2003, consultei as três traduções integrais de *Woyzeck* então acessíveis. *Zé* foi novamente revisto e modificado para a sua reedição em 2013.

Três das quatro canções já haviam sido utilizadas na montagem de *Woyzeck* dirigida por Tullio Guimarães, em Brasília, em 1996 (montagem da qual participei como compositor e cantor), tendo sido reaproveitadas aqui. O músico Umberto Freitas, meu irmão, revisou as partituras manuscritas, transpondo-as para o computador. Umberto também propôs mudanças em aspectos de *Tema do Fim*, sugestões aceitas. A edição das partituras, em 2013, esteve a cargo de Wellington Fagundes.

Reitero, afinal, não se tratar aqui de tradução em verso, mas de adaptação em verso, feita com alguma liberdade a partir das traduções disponíveis àquela altura, especialmente a de João Marschner.

AS CANÇÕES

[P A R T I T U R A S]

CANÇÃO DE MARIA

Fernando Marques

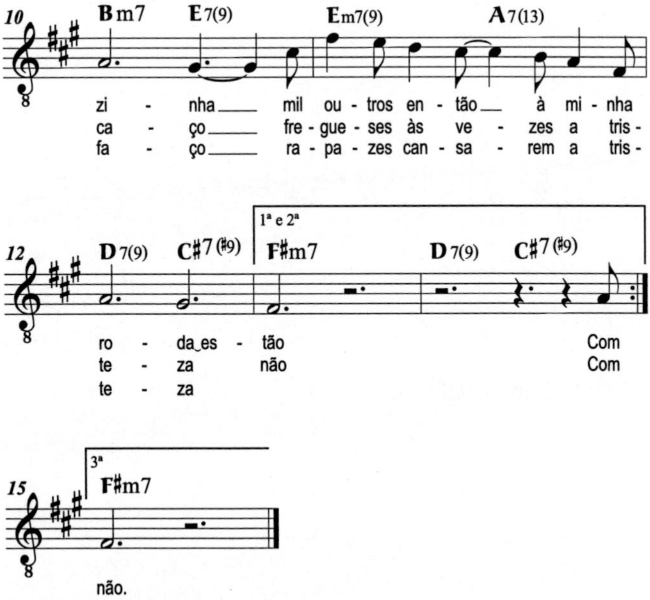
10
Bm7 E7(9) Em7(9) A7(13)
zi - nha mil ou - tros en - tão à mi - nha
ca - ço fre - gue - ses às ve - zes a tris -
fa - ço ra - pa - zes can - sa - rem a tris -
1ª e 2ª
12
D7(9) C#7(#9) F#m7 D7(9) C#7(#9)
ro - da_es - tão Com
te - za não Com
te - za
3ª
15
F#m7
não.

CANÇÃO DA CRIANÇA

Fernando Marques

A PROFISSÃO DE CÁTIA

Fernando Marques

22
F#m7 Em7 F#7
- va não me pa - ga meu su - or ___ on-de‿a
- sa e é po-bre‿a pró - pria dor ___ on-de‿a
25
Bm7 G7M Em7 F#7
co - va que se ca - va não va - le‿o vi - ver de‿a - mor
ter - ra‿e on - de‿a cho - ça per - ten - cem a seu ma - jor
28
Bm7 Bm7 F#m7
___ Por mo - e - das não ___ me da - va mas
___ Po - de - ri - a‿es - tar ___ na ro - ça mas
31
Em7 F#7 Bm7 Bm7
dan - do me dou me - lhor ___ Por mo - e - das não ___ me da -
dan - do me dou me - lhor ___ Eu lar - guei a vi - da‿in - sos -
34
G7M Em7 F#7 1ª Bm7 2ª Bm7
- va mas dan - do me dou me - lhor ___ Mi - nha
- sa que dan - do me dou me - lhor ___
38
Em7 F#7 Bm7 Em7 F#7 Bm7
Dan - do me dou me - lhor ___ Dan - do me dou me - lhor ___

TEMA DO FIM

Fernando Marques

A7 G#7 C#m7 D#m7(b5) G#7
sa - be - mos bem No
fa - ze - mos bem
C#m7 C#m/E A7 G#7
mun - do não há consis - tên - cia
cia
No
No
C#m7 C#m/E A7 G#7
To - dos va - mos mor - rer sa - be - mos
Lo - go va - mos pas - sar fa - ze - mos
mun - do não há con - sis - tên - cia
fun - do não há cons - ci - ên - cia

13
C#m7
C#m/E
A7
G#7
mui - to bem Va - mos mor - rer sa - be - mos
mui - to bem Va - mos pas - sar fa - ze - mos
To - dos va - mos mor - rer sa - be - mos
Lo - go va - mos pas - sar fa - ze - mos
15
1ª
bem
bem
No
mui - to bem Va - mos mor - rer sa - be - mos
mui - to bem Va - mos pas - sar fa - ze - mos
17
2ª
fun - do não há cons - ci - ên
No
bem
bem
fa - ze - mos
No

19
C#m7
C#m/E
A7
G#7
mun - do não há consis - tên - cia
cia
bem
No
No
mun - do não há con - sis - tên - cia não
cia não
21
C#m7
C#m/E
A7
G#7
To - dos va - mos mor - rer sa - be - mos
Lo - go va - mos pas - sar fa - ze - mos
mun - do não há con - sis - tên - cia
fun - do não há cons - ci - ên - cia
há con - sis - tên - cia não há ah
há cons - ci - ên - cia não há ah
23
C#m7
C#m/E
A7
G#7
mui - to bem Va - mos mor - rer sa - be - mos
mui - to bem Va - mos pas - sar fa - ze - mos
To - dos va - mos mor - rer sa - be - mos
Lo - go va - mos pas - sar fa - ze - mos
ah
ah

25
C#m7
C#m/E
A7
G#7
bem
bem
No
No
mui - to bem Va - mos mor - rer sa - be - mos
mui - to bem Va - mos pas - sar fa - ze - mos
No
No
(repetições ad libitum)
27
C#m7
C#m/E
fun - do não há cons - ci - ên
mun - do não há con - sis - tên
bem
bem
fun - do não há cons - ci - ên
mun - do não há con - sis - tên

SOBRE O AUTOR

José Fernando Marques de Freitas Filho é professor do Departamento de Artes Cênicas da Universidade de Brasília, jornalista, escritor e compositor. Doutor em Literatura Brasileira pela UnB com tese sobre teatro musical.

Publicou *Retratos de Mulher* (poesia, Varanda), *Contos Canhotos* (LGE), *A Comicidade da Desilusão: O Humor nas Tragédias Cariocas de Nelson Rodrigues* (ensaio, Editora UnB/Ler Editora) e dois textos teatrais: *Zé*, adaptação do *Woyzeck* de Büchner, e o livro-CD *Últimos: Comédia Musical* (ambos pela Perspectiva).

Tem trabalhos publicados nos jornais *Correio Braziliense*, *O Globo*, *Folha de S.Paulo* e *O Estado de S. Paulo*, entre outros, e em revistas como *Folhetim*. Na internet, colaborou, por exemplo, em *Moringa* e *Germina*.

Sua comédia *A Quatro* foi encenada em Brasília. A peça *Zé* teve leituras e montagens acadêmicas em Brasília, São Paulo e Coimbra, Portugal. É autor das canções do CD *De Cor*, disco da cantora Wilzy Carioca.

Nasceu no Rio de Janeiro, vive em Brasília e é pai de Camila, Luísa, Miguel e Júlia.

Dados Internacionais de Catalogação na Publicação (CIP)
(Câmara Brasileira do Livro, SP, Brasil)

Marques, Fernando
Zé: peça em um ato / adaptação em verso de Woyzeck, de Georg Büchner; texto e canções Fernando Marques. – São Paulo: É Realizações, 2013. –
(Coleção dramaturgia autores nacionais)

ISBN 978-85-8033-148-6

1. Büchner, Georg, 1813-1837. Woyzeck – Crítica e interpretação 2. Teatro brasileiro I. Título. II. Série.

13-11348 CDD-869.92

Índices para catálogo sistemático:
1. Teatro: Literatura brasileira 869.92

Este livro foi impresso pela Gráfica Bandeirantes para É Realizações, em outubro de 2013. Os tipos usados são da família Sabon LT Std e Helvética Neue. O papel do miolo é alta alvura 90g e o da capa, cartão supremo 250g.